JN105869

外資系投資銀行の
元マネージング・ディレクターが教える!

世界に羽ばたく「グローバルリーダー力」

篠原竜一 著

セルバ出版

はじめに

「逃げろ！」 "Get out!" ２００１年９月11日午前８時46分40秒

２００１年９月11日。快晴で、雲一つない青い空が印象的な日でした。日本興業銀行ニューヨーク支店のトレーディングフロアで働く私は、いつものようにシステムの電源を入れ、情報端末で東京・ロンドン市場の値動きを確認。同僚からのメールに目を通し、トレーダーとその日の方針を議論していました。

すると突然「ドカーン」という大きな音がし、キャスター付きの椅子に座っていた私たちが動いてしまうほどの横揺れを感じたのです。

地震？　当時の私のオフィスは、ニューヨークのワールドトレードセンター北棟（ノースタワー）の50階にありました。衝撃のあったビルの南側の窓を見ると、上のほうからガラス片、金属片、それから沢山の書類のような紙片がパラパラと落ちていくのが見えました。何かがおかしい。

観光用のヘリコプターでも突っ込んだのかと思っていたら、アメリカ人のトレーダーが大声で叫びました。

「逃げろ！」

この彼の言葉で私たちは直ちに避難し、助かったのです。彼の直感通り、ハイジャックされたアメリカン航空11便が午前8時46分40秒にノースタワーの高層階に突入していたのです。

引火した燃料がエレベーターシャフトを落下させたことで低層階でも爆発が発生しました。50階にいた私たちは当然エレベーターが使えません。私たちは何が起きているのかわからないまま、非常階段を使って避難を始めましたが、大渋滞で、少しずつしか動きません。しばらくすると、突然煙くなりました。とても不安な気持ちになりましたが、どうすることもできません。

当時トレーダーだった私はポケベルのような携帯用情報端末を持っていました。それを見て背筋が凍ったのをよく覚えています。

「複数のハイジャックされた飛行機がワールドトレードセンターに突っ込んだ」〝Hijacked planes hit WTC.〟

午前9時2分59秒、ハイジャックされたユナイテッド航空１７５便がワールドトレードセンター南棟（サウスタワー）に突入していたのです。その粉塵がノースタワーの非常階段にまで飛んできたので、煙くなっていたのです。

50階から地上階に降りるまでには約1時間かかりました。5階ぐらいまで降りてきて、非常階段からオープンスペースに出ると、今朝自分が歩いてきたところとは思えない光景で、まさに地獄絵図でした。とにかく落ち着こうと自分に言い聞かせ、消防士に誘導されるままにエスカレーターを歩いて降りると、回転ドアのガラスが割れていて、スプリンクラーで水浸しになっていました。

「走らないで大丈夫！　滑るから気をつけて！」という声にひと安心したものの、その様子が一転、

「急げ！　走って逃げろ！」。消防士に誘導されながら、必死に走り、地上階出口から外に出ることができました。

ビルの外に避難して、そこからどうやって逃げようか考えていたときです。地響きと共に轟音が聞こえてきました。音はどんどん近づいてきて、物凄い粉塵が襲ってきました。サウスタワーの崩壊です。カバンで頭をカバーして、しゃがみ込むことしかできませんでした。生まれて初めて「死ぬかもしれない」と思った瞬間でした。

私は、運よく避難することができましたが、今でも忘れられないのは数多くの消防士が、ペットボトルとペーパータオルを避難する私たちに配りながら階段を昇って行ったことです。彼らの多くは命を失ったはずです。避難しているときに、彼らの姿を見ることができたからこそ、人を押し退けて逃げるという人が現れることもなく、私たちは安心して避難することができたのです。

避難後、最初にテレビを見たときにイスラム原理主義テロ組織アルカイダ、ウサーマ・ビン・ラディンという名前が何度もテロップに流れていましたが、何のことだかさっぱり理解できませんでした。最初に思ったことは「この人って誰？」。アメリカ人の同僚たちは当然のように知っていて、これから何が始まるかということを議論していました。

当時の私は自信満々で、プロの投資家として日本を代表して世界と戦っていたつもりでしたが、そのすべてが音を立てて崩れていきました。命を失いそうな経験をしたのに、何が起きているかわかりません。井の中の蛙だと落ち込みました。

「このままでは駄目だ。多種多様な文化を理解し、歴史を学び、もっと教養を身につけないといけない。世の中のことをもっと知らないと話にならない。この世界をよりよいところにするにはこんなことは二度とあってはならない」と心の底からそう感じました。

この経験がきっかけとなり、私は、米系投資銀行のバンクオブアメリカ証券会社東京支店、メリルリンチ日本証券株式会社、欧州系投資銀行のクレディ・アグリコル証券会社東京支店に自分の身を置くことにより、多種多様な価値観を学びながら生きていくという決断をしたのです。

日本興業銀行入行4年目に大きなチャンスが！

私は、1988年に日本興業銀行に入行、半年にわたる新入行員研修を経て、本店の国際資金部に配属されました。当時は金融の自由化、グローバル化の進展を受けて、デリバティブ市場が急拡大していた時代でした。

目まぐるしく動く為替・金利・株式市場に果敢に立ち向かい、取引を行う先輩行員の姿に魅了され、いつか自分も金利・債券のトレーダーになりたいと思うようになりました。

そして、入行4年目に大きなチャンスが舞い込んできました。私はロンドン支店での金利のトレーダーになるための1年間のトレーニー（研修生）に選ばれたのです。

このチャンスは絶対逃さないという強い気持ちで研修に取り組んだ結果、国際資金部に戻って、金利のトレーダーとして働くという私の希望が叶いました。その後、トレーダーとしての実績が認められ、銀行に入って8年目にニューヨーク支店に派遣されることになり、憧れのニューヨーク市場で1995年から2003年まで8年間働きました。

ヘッジファンドのファンドマネージャーの言葉に目が覚めた！

そんな私がニューヨーク支店で北米のバンクポートフォリオの運用責任者をしていたある日のことです。著名な米系ヘッジファンドのシニアファンドマネージャーと食事に行った時に、彼にこんなことを言われました。

「日本人と個人的に話をするといつも思うことがある。礼儀正しくて、よく勉強していて、自分の考えもしっかり持っている。日本人は優秀で、とてもインプレッシブ（魅力的）な人が多い。だけど、日本の銀行はインプレッシブじゃない」

会社の先輩にこの話をすると、「行員は優秀で魅力的だが、銀行は全然ダメってことか？　それってリーダーがいないってことだな」

ファンドマネージャーが言いたかったことはそういうことだったのかと初めてその意味を理解した私は、これを機に日本人は従業員としてはとても優秀なのに、組織を引っ張っていく日本人のリーダーが少ないのはどうしてか、自分がトップマネジメントとして認められ、世界の舞台で活躍するグローバルリーダーを目指すためには何が必要なのかを考えるようになりました。

日本興業銀行ニューヨーク支店のトレーディングフロアを立ち上げたアメリカ人との別れ

9 1 1テロから暫くたったころ、ニューヨーク支店で人員削減を実施することになりました。私は行内でも有名なアメリカ人のベテラントレーダーを解雇しました。彼はニューヨーク支店で市場部門を立ち上げたときのメンバーの1人です。そのときにその彼から言われたことがあります。

「僕は長くこの銀行で働いてきたけど、過去に君より賢い日本人のボスは山のようにいた。だけど君が僕にとっては最高のボスだった。今までありがとう」

私は何で僕があなたにとっての最高のボスだったのかと質問してみました。

「君だけが毎日大きな声でおはよう、元気かって声をかけてくれた。君だけが、何か僕に聞きたいことがあると君の席に僕を呼びつけた。他のボスは、何かわからないことがあると僕の席にちょっといいかと聞きに来た。そして、必ず何かを指示された。君は必ず僕に「君はどう思う?」(What do you think?) と聞いてくれた。君がボートを貸し切って開催してくれた家族同伴のパーティーを覚えているか? 最高に楽しかった。長年働いてきたけど、君のお陰でよいチームになったと思う」

彼はもうこの世にはいません。亡くなったときに奥様がアメリカからわざわざ連絡をくれました。「主人はあなたと働いていたときのことをよく話していました。ありがとう」

日本人は、従業員としては責任感を持ってきちんと自分の役割を果たす世界でもトップクラスの優秀なグローバル人材です。そこからステップアップして、人を導くグローバルリーダーになるためにはどうすればよいのでしょうか?

グローバリゼーションの進展で競争は激化しています。日本で働いているからといって、世界と関わりを持たずに働いていくことは難しい時代です。新型コロナウイルスの感染拡大で、過去の発想だけでは未来が描けない時代に突入するかもしれません。今まで以上にグローバルリーダー力が問われる時代です。

私はバンクオブアメリカ証券会社東京支店の役員として働くチャンスを得ることができましたが、誰もがチャンスを与えられるような時代ではなくなってきました。チャンスをどうやって手に入れるか？　そして勇気をだしてチャレンジするには、何が必要なのでしょうか？

本書がそのヒントとなり、多くの日本人が前を向いて、堂々とチャレンジするきっかけになると共に、自分の子どもを次世代のグローバルリーダーに育てるにはどのような教育を与えればよいかを考える上での参考になれば幸甚です。

２０２１年４月

篠原　竜一

外資系投資銀行の元マネージング・ディレクターが教える！　世界に羽ばたく「グローバルリーダー力」　目次

第2章 チャレンジするメンタリティを持つためには ―グローバルリーダーに求められるチャレンジするメンタリティとは

第3章　グローバルマーケットから世界の変化を捉えるには
—グローバルリーダーは金融市場を追いかける！

第4章　世界と日本のオポチュニティを認識するには
―グローバルリーダーが知っておきたい世界と日本の変化

第5章　次世代のグローバルリーダーを育てる教育とは
―枠組みを超える発想をどのように育てるか？

第1章

世界を舞台にチャレンジするには
——グローバルリーダーに求められる力とは

世界を舞台に活躍するためには、どのような力を身につける必要があるのでしょうか？　第1章では、グローバルリーダーに求められる力について考えます。

1　転職初日にバンクオブアメリカ証券の社長に怒られた！

転職初日の衝撃的な出来事

私は17年間働いたみずほコーポレート銀行（日本興業銀行出身、3行統合後みずほコーポレート銀行に勤務）を退職し、２００５年に米系投資銀行のバンクオブアメリカ証券東京支店に転職することを決断しました。

その初日に衝撃的な出来事がありました。夕方5時にアメリカ人の社長に呼ばれ、部屋に行くとこう聞かれました。

「君はどう思う？」（What do you think?）

何を聞かれているのかわからず、私は質問の意味がわからないと社長に聞き返しました。すると会社の印象、チームのメンバーについてどう思うかという質問でした。「今日は人事・総務的なペーパーワークをやっていたのでまだよくわからない」と軽い気持ちで答えたら、そこからマシンガンのように怒られることになりました。

「僕は君をこの会社のナンバー2として採用した。マネージング・ディレクターだ。1日会社にいてこの会社についての感想が何もないのか？　こういうところがよい。悪い。こういうところに問題がありそうだ。何もないのか？　君はこの仕事に興味がないのか？」

びっくりしました。「今日はどうだった？」という軽い気持ちで聞かれた質問だと思って、あまりよく考えずに答えてしまったことを後悔しましたが、すぐに日本興業銀行ロンドン支店トレーニー時代の出来事を思い出しました。

日本興業銀行ロンドン支店トレーニー時代の出来事

ロンドン支店で金利のトレーダーになるための1年間の研修を受けていたときの出来事です。当時の私のニックネームは、アイルランドの守護聖人、St. Patrick の愛称〝Paddy（パディー）〟でした。どうやら〝ジノハラ〟という名前が〝ジョーン・オハラ〟という典型的なアイルランド人の名前の発音に似ているということからついたニックネームです。

イギリス人やニュージーランド人のトレーダーに誘われ、私はオフィスの目の前にあるシーホースという古いパブにほぼ毎日行きました。パブでは私は唯一の日本人で、皆が〝パディー〟と私のことを呼ぶので、知らない人にも「〝パディー〟という名前は日本でも人気の名前なのか？」とよく声をかけられました。私はこうしてパブで英語を習いました。金融業界で働く人たちの溜まり場だったパブで学んだことは英語だけではありません。ギネスを飲みながらイギリス人のトレーダーたちからマーケット、政治経済、イギリスの文化など沢山学びました。

勉強会で何を議論しているかわからない

当時のロンドン支店では毎週火曜日のランチタイムに勉強会を行っていました。シティ（ロンドンの金融街の総称）で活躍する他行のシニアトレーダーたちを招いてのディスカッションです。1992年当時の欧州債のトレーダーの多くは各国間の金利差の歪みをとりにいくリラティブバリュートレーダーでした。ある日イタリア国債について激論が交わされていました。するとシニアトレーダーの1人が、私に質問しました。

「君はどう思う？」（What do you think?）

私は「皆がイタリア国債について議論しているのはわかるけど、正直何を議論しているのかがわからない」と答えました。爆笑です。他行の人に質問され、何も答えられずに笑われるのはさすがに悔しかったものの仕方がありません。わからないものはわかりません。

すると帰り際に、「今晩シーホースに来い」と声をかけられました。その晩シーホースに行くと、彼は「さっきは悪かったな」と言った後、議論の内容を丁寧に教えてくれました。「そういうことを話していたのですか！」と私が言うと、

「君はどう思う？」（What do you think?）

「買いたいです！　今のままでは景気が持たないので中央銀行は何か手を打つはずです。イールドカーブの形状がスティープ（イールドカーブの傾きが急に）しながら金利は低下するのではないでしょうか？」

私がそう答えると、にっこりしながら「ブル（強気）スティーブか！　とてもよい。飲もう！」

「君はどう思う？」という質問に黙っているのは、興味がないか、頭が悪いか？

そして彼は私にこんなアドバイスをしてくれました。

「議論をしているときに黙っていては駄目だ。君はこのテーマに興味がないか、頭が悪いかのどちらかだと思われる。思っていることを堂々と話すことはとても大切だよ。僕は日本人の君がどう思っているか君の意見を聞きたかったのに、何も発言しないから、君はこのテーマに興味がないのかと思ったけど、ちゃんとした意見をもっているじゃないか！　わからなかったら黙っていないで、わからないって言えばよい。議論に参加して自分の考えを人に伝えることは大切だよ！」

新しい価値観との出会い

状況は違うものの、強烈に印象に残ったロンドントレーニー時代の出来事だったにもかかわらず、時間がたち、自分が慣れ親しんだ場所だけで過ごしていると、いつの間にか楽なほうに振れてしまう自分がいたことに気づきました。

日本の組織からアメリカの組織に飛び出すことは勇気のいることでしたが、思い切って新しい世界に飛び込んだからこそ、私は新しい価値観に出会うことができたのです。そして、あのときに下を向かずに素直に社長の言葉を受け入れたことで私の前に道が開けたと思っています。

クレディ・アグリコル証券初日に社長から聞かれたことは

それから9年後、私は欧州系投資銀行のクレディ・アグリコル証券東京支店に転職しましたが、その初日にも全く同じことがありました。フランス人の社長から呼ばれ、

「君はどう思う?」(What do you think?)

私が機関銃のように20分ぐらい話すと、にっこりして「素晴らしい! こんな人が来てくれるのを待っていました。こんなにはっきりと言いにくいこともストレートに話す日本人に会うのは初めてです。まるでアメリカ人のようです」と言われました。

そして「フランスの会社は、過去の経緯を大切にし、何かを変えるのは時間がかかります。思うようにならないこともありますが、ゆっくり一緒にやって行きましょう」と言われました。外資系とは言ってもアメリカの会社とは全く異なる価値観を目の当たりにしました。

「君はどう思う?」(What do you think?)という同じ質問が示唆すること

アメリカの会社でも、フランスの会社でも、社長から最初に聞かれた質問が「君はどう思う?」(What do you think?)と全く同じだったことがとても印象に残っています。

グローバルに活躍するリーダーたちは、新しく会社に入ってきた全く異なる価値観を持った日本人の私が「何を感じたか、何を思ったか、何をやりたいのか」を説明することに価値を見出しているということです。にもかかわらず、その想いを理解できずに「まだよくわからない」と答えた相

手がアメリカ人の社長で本当によかったと思っています。怒られることにより私は気づくことができましたが、フランス人の社長に「まだよくわからない」と答えていたら、「何か気づいたことがあれば、いつでも話に来てください」で終わっていたかもしれません。

様々な問題について「私はこう思う、私だったらこうする」と常に考えることがグローバルリーダーにとっては当たり前の習慣だと教えてもらった出来事でした。

2 「私は正しい」「あなたは間違っている」という言葉は使わない

「何かおかしくないか?」と情報を発信するようになった日本人

誰かの、特に立場の上の人の意見、行動に対して何かおかしいと思っても、当たり前のように受け入れてきた日本人が、「この人の考え方、発言は何かおかしくないか?」と情報を発信するようになってきたことは素晴らしいことです。

しかしながら、私が気になっていることは、褒めることよりも貶す（けなす）ことが多いということです。

「何を言っているのだ。あなたの言っていることは間違っている」と批判された相手は多かれ少なかれ傷つきます。本人に相手を傷つけるつもりはなかったとしても、人格を否定された、攻撃されたと感じてしまう人が多いものです。

「私は正しい」「あなたは間違っている」という言葉は使わない

批判するだけではリーダーにはなれません。そこからリーダーにステップアップするためにはどうすればよいのでしょうか？

私はバンクオブアメリカ証券の社長に「君は間違っている」と言われたことが一度もありません。何かを相談すると、私の意見に賛成の場合は、「私もそう思う」の一言です。そして、反対の場合は「私だったらこうする」という話が始まるので、社長が異なる意見を持っているということに私はすぐに気づきます。社長は話の最後に必ず「私の考えは今話したとおりだが、どうするかは君次第だ。君はどう思う？」と私に質問します。

私はこの社長に出会ったことで、「私は正しい、あなたは間違っている」という言葉は、使ってはいけない言葉だと考えるようになりました。どんなに凄いグローバルリーダーでも間違えることはあります。社長が絶対に正しいことなどありえないのです。社長はそれをわかった上で「私だったらこうする」と私に話しているのです。100人いれば100通りの考え方があるのです。

仮に私が相談に行ったときに、「篠原さん、あなたは間違っている」と社長に言われたら、私は頭にくるでしょう。逆に私が社長の話を聞いて「社長、あなたは間違っている」と言ったら、社長も頭にくるでしょう。そして、「君は私に相談しにきたのではなかったのか？　君が絶対に正しいならそうすればよい。だって、私の意見は必要ないじゃないか？」と私に言うはずです。

「私だったらこうする」と言い合いになると、私と社長が喧嘩しているのではないかと心配する人もいましたが、ベストな決断をするためには、必要な議論だったのです。私と社長が「そういう考え方があるのか！　自分の考えには足りないところもある」と前向きに向かい合うために必要だったことは、お互いの間違いを指摘することではありませんでした。リーダーが人の話に耳を傾けることにより、チーム全体が気持ちよく、そして楽しく働くことができるようになっていくはずです。

3　気持ちよく、そして楽しく働くために必要な傾聴力・共感力

傾聴力とは相手の気持ちに気づくこと

理不尽な顧客に怒っている部下がいます。次の2つのアドバイスにどんな違いがあるでしょうか？

ケースA
上司「顧客に対してそんなに怒っても仕方がないだろう。お菓子でも持って謝ってくるといい」
部下「え？　私が悪いんですか？　うーん。考えてみます」
ケースB
上司「顧客の言い分があまりにも勝手だから、理不尽だって怒っているんだね」
部下「そうなんですよ。酷くないですか！　そうは言っても大切な顧客なので、どうしようかなっ

て？」

ケースAでは、上司はいきなり「顧客に対してそんなに怒っても仕方がないだろう」と君の考えは間違いだと指摘しています。そして、すぐに問題解決策を提示しています。取り敢えず謝りに行くというよくあるアドバイスです。しかしながら、このアドバイスを素直に受け入れる部下はいません。外国人の部下なら尚更です。もっと怒らせてしまうこともあります。

ケースBでは、会話が続きます。

ケースB

上司「そうか？　それで、どうする？」

部下「今後のこともあるので、今回は特別に対応するって話をしてもいいですか？」

上司「そうだね。わかった。私も一緒に行こう」

どうでしょうか？　結局顧客のところに訪問することは変わりませんが、部下の満足感が全然違います。ケースAの上司は「私は部下の話をきちんと聞いている。状況を正確に把握し的確な指示をしている」と思っています。しかしながら、部下は「ちゃんと私の話を聞いてください！」と感じているのです。この差は何でしょう？

上司は状況を正確に把握するだけでは十分ではないのです。上司は「私は怒っている」という気持ちを理解してくれるどころか、「私は間違っている」と言っているのです。それでは部下が冷静になって、自ら「この問題について私はこうする」という解決策を考えることなどできません。

ケースＢでは、上司が特に具体的なアドバイスをしている訳ではありませんが、部下の話をよく聞いて共感することにより、「私は怒っている。でも上司は私の気持ちを理解してくれた。さあ、どうする。今回は顧客の提案を受け入れよう」という解決策にたどりついているのです。

部下は上司のアドバイスを必要としていますが、そのアドバイスを聞き入れるためには、自分の気持ちを理解してくれる上司を必要としているのです。

傾聴と同調は違う

気をつけないといけないのは、傾聴するということは「そうだね、顧客は酷いね！」と同調することとは違うということです。部下の気持ちを理解するのではなく、上司が自分の意見として「顧客は酷い」と同調してしまうと、部下が「私は正しい、顧客は間違っている」と考えてしまい、場合によっては、顧客を更に怒らせることになってしまうかもしれません。解決策が見つけられなくなってしまうことも少なくありません。

自分がどう思うかよりも、まずは部下自身がどう感じているかに気づくことが大切なのです。

相手の気持ちに気づくことが関係構築の第一歩

相手の表情にも注目すると、傾聴力を更に磨くことができます。

例えば、顧客が笑顔でご機嫌なときに「何か私たちが改善すべきことがありますか？」と聞いても、「本当に皆さんよくやってくれていて感謝しています」という話しか聞けません。

逆に難しい顔をしていて不機嫌なときに、「こんなよいアイデアがあるのですが、いかがですか？」と聞いても、「検討します」と言われるでしょう。

何か上手くいかないと感じるときには、相手の気持ちに気づいていないことが多いものです。傾聴力を磨くことは関係構築の第一歩です。

4 「よい人」から「よいリーダー」になるために必要な決断力・実行力

傾聴し、共感するだけでは「よい人」であって「よいリーダー」ではない

部下は自分の話を聞いて気持ちを理解してくれる上司には頼りたいと思うものです。しかしながら、何も決断してくれない上司については「私の話をきちんと聞いてくれて、よい人だけど、何を相談しても、何を提案しても、結局何も変わらない。あの人に相談しても時間の無駄だ！」と厳しい評価をするものです。「よい人」と「よいリーダー」は異なるのです。

部下が自分で解決策を見つけることができる問題ばかりではありません。難しい問題になればなるほど、部下から相談されたときに「私はこう思う、私だったらこうする」と自分の言葉で部下にアドバイスすることが「よいリーダー」には求められるのです。傾聴して、共感するだけの上司はただの「よい人」なのです。

一番難しいのは上と下に挟まれたとき

会社で働いていると、判断が難しい問題、特に新規の案件は、部長、役員に相談することになります。一番難しいのは、部下と話し合い「こうしよう！」と提案したことが承認されないときです。その判断に納得いかずに、説明を続けると「私の話を聞け！」と不機嫌になる部長、役員も少なくありません。組織で仕事をしている以上、この案件を勝手に進めることはできません。

こういうときにとても大切なことは、反抗することではなく、何故駄目なのか、きちんとその理由を教えてもらうことです。例えば、お金がかかりすぎるのか、マーケティングの戦略が間違っているということなのか、など何か全うな理由があり、その上で組織として判断しているはずです。

上手くいかないときでも、何故駄目なのかをきちんと理解できれば、その後の対応が大きく変わってきます。組織としての決定を部下に伝えるときに「一生懸命説明したけど駄目だった」と謝り、自分の席に戻ってしまうのは、実行力のない「よい人」です。

「何で駄目なんですか？」という部下からの質問に対し、きちんと答える必要があるのです。そして、会社の方針に沿ったかたちで自分たちがやりたいことを実現するにはどうすればよいか、前向きにチームを引っ張っていくのが、実行力のある「よいリーダー」です。

ドイツのメルケル首相のスピーチ

東ドイツ出身で物理学者のメルケル氏は、ベルリンの壁崩壊後に政界に転じ、女性初のドイツの首相として辣腕を振るってきました。メルケル首相なしには、欧州債務危機を乗り越えることはできなかったと考える金融市場関係者は多く、メルケル首相が２０２１年に退いた後のヨーロッパを引っ張るリーダーが誰になるのか、市場関係者は注目しています。

メルケル氏は、感情をあまり表に出すことがないというのが私の印象でしたが、新型コロナウイルス感染拡大が止まらない中、２０２０年12月の演説で、目にうっすらと涙を浮かべながら、「今年のクリスマスを我慢すれば、来年はおじいちゃんやおばあちゃんと皆でクリスマスが祝えるかもしれない。でも我慢しなければ、最後のクリスマスになるでしょう。」と拳を何度も振り上げながら、国民により厳しい措置への協力を訴えました。

国民のみならず、世界中の人の心に響いたグローバルリーダーのスピーチです。クリスマスには家族で集まりたいという国民の気持ちを理解した上で、より厳しい感染拡大防止策を自ら決断し、それを実行するために、自分の想いを伝える素晴らしいスピーチでした。

5　誰かを批判するためのものではない クリティカル・シンキング（批判的思考）とは

クリティカル・シンキングを誤解している人が多い

リーダーにとって、物事を様々な観点から考え、よりよい答えを見つけるために、論理的かつ合理的に行うクリティカル・シンキング（批判的思考）は、必ず身につけておきたい力です。会社、チームの課題を発見し、「私だったらこうする」と考えるときに役に立つ思考方法です。

クリティカル・シンキングは、日本語で批判的思考と訳すことが多いですが、その意味は、誰かの意見を批判的に捉え、思考するということではありません。誰かを批判するのではなく、ベストな決断を行うために「本当にこれでよいのか？」「何でそう思うのか？」「どうしてそう思うのか？」と自分自身に問いかけ、物事の本質を見極めていくことがクリティカル・シンキングです。

例えば、ある生徒が書いたエッセイの導入部分について、先生がクラスメイトに意見を求めます。大切なルールがあります。そのエッセイの導入部分を貶したり、批判したりしないというルールです。クラスメイトに求められるのは「私だったらこう書きます」という自分の考えを述べることです。先生は、「どうして？」と問いかけます。このようなやりとりを通じて、生徒はエッセイの書き方を学びます。

クリティカル・シンキングを邪魔するもの

欧米、特にアメリカでは、ある問題について考えるときに、歴史とか過去の経緯よりも、最高の結果を得るために、候補として挙がった解決策を様々な観点から議論します。子どもたちは、小さい頃から学校でクリティカル・シンキングを学びます。

一方、日本は、歴史と伝統を重視する国です。目上の人を敬い、余程のことがない限り従うことを求められてきました。過去の経緯を重視し、やり方を変えることを嫌います。様々な問題を解決するには、合意を形成するために時間をかけて議論する傾向にあります。決して悪いことではありませんが、クリティカル・シンキングを邪魔するときがあります。

アメリカの会社では、会議でアメリカ人のマネージング・ディレクターとディレクターで大きく意見が分かれたとしても、それ自体でその2人の仲が悪くなることは滅多にありません。お互いを批判し、攻撃するのではなく、何がベストか議論しているからです。仕事の後、何事もなかったかのように一緒に飲みに行きます。

一方、日本の会社でこのようなことがあった場合は、課長が自分に喧嘩を売ってきたと考える部長は少なくないでしょう。仮に、会議の参加者の誰かが課長に対し「部長の案の何が間違っているかではなく、課長の案のよいところをもう少し教えてください」と割り込むことができれば、状況は大きく変わるはずです。

クリティカル・シンキングの話をしているときに、そもそもこのように単純化して2つに区分するような考え方自体がよくないのかもしれませんが、グローバルリーダーを目指す人は、人を批判するのではなく、ベストな決断を行うためにはどうすればよいか自分自身に問いかけることが大切です。仮に部下に「あなたは間違っている」と言われたときにも、批判されたと怒らずに「君だったらどうする?」と問いかけることこそが重要なのです。自分が変わると部下も変わります。確かに頭にくることもありますが、怒りを爆発させて得るものはありません。

相手を言い負かすためのツールではないクリティカル・シンキング

リーダーにとって、クリティカル・シンキングというスキルは、相手を言い負かすためのツールではありません。よい行いにつなげていくことがとても大切です。

自分や自分のチームに責任があるのが明白なのに、理屈をこねて認めずに、誰か他の人、他のチームに責任を押しつけるために使うものではありません。仮にその場を上手く逃げることができても信頼を失います。時には事故ですんだものが事件になってしまうことすらあります。

6 「私だったらこうする」と思ったときに必要な企画力

企画部門がない？

日本の大企業の組織には企画部門があるのが一般的です。そして企画部門から色々な指示が現場におりてきます。逆に何かあれば企画部門に話を上げます。採用に関しても人事部が企画し、現場は面接官として採用の手伝いをすることが多いものです。

しかしながら、バンクオブアメリカ証券には企画部門がありませんでした。

企画部門のヘッドは私自身？

私は、何故この会社には企画部門がないのか社長に聞いてみることにしました。「よい質問だ。

私たちの会社に企画部門が何故ないのか？　東京オフィスの外国債券のセールス＆トレーディングの責任者は副社長の君だ。企画部門はヘッドである君自身だから企画部門はいらないだろう。君自身が、ゲームプランをつくって、採用も含めて企画する。もし、セールス、トレーダー、そしてアシスタントに加えて、企画担当の社員が必要であれば、そうしたいと私に言ってくれ。考える」。

目から鱗というのはこういうことを言うのでしょう。この話を部下に話すと、「そうですよ。あなたの仕事ですよ！　あなたがボスですから！　僕らは言いたいことは言いますよ。時には社長とは反対の意見かもしれません。どうするか決めるのはマネージング・ディレクターのあなたです。大変な仕事であることはわかっています。だから、あなたは僕たちよりも高い給料をもらっているんですよ！　僕たちは、あなたを信じてついていくか、嫌なら辞めるか、どちらかです」。

念願の新卒採用！

私はアメリカ人の社長に対し、新卒社員を採用することはとても重要だという話をしていました。ある日、社長がニコニコしながら私の席に来て「新卒社員を東京で採用することになった。採用責任者は君と私だ。要員計画をまとめてくれ」と言って席に戻っていきました。

日本の会社にいると採用については人事部が担当しますが、この会社での採用責任者は社長と私でした。ということは、募集に当たり学生に求める能力要件を定め、選考の段取りを固め、採用人数を含めた要員計画を策定、人事部から労働契約書の雛型を入手し、準備にとりかかるのが私の仕事です。

大変そうですが、私にとっては楽しい仕事でした。そもそも新卒社員を採用したいと言ってきたのは私です。人員を増強できるなら、どの部署に配属すべきか、そもそも部署ごとに求められる能力とはどんなものなのか、このチームに若手社員を採用できたらこんなことに取り組める、など常日頃から考えていたからです。

この話を同僚に伝えると、ボストンキャリアフォーラムで採用しようという話になりました。ボストンキャリアフォーラムとは、世界最大の日英バイリンガルのための就職・転職イベントで、参加者の中心は、アメリカの大学・大学院で学ぶ日本人留学生たちです。概要を説明すると、社長は即決、ボストンに行くことになりました。

要員計画は、社長からいくつか質問がありましたが、それに答えると「企画担当の社員はいらないな。君がいるから！」とすぐに承認され、いざ、ボストンへ出発です。

ボストンへ新卒を採用しに行くことに

東京からは、社長と私のほかトレーディングフロアで働く同僚数名でボストンに乗り込むことになりました。ニューヨークからも参加して欲しいとお願いすると、それは面白いと債券部門のグローバルヘッド（マネージング・ディレクター）たちが参加してくれることになりました。そして、ペーパーワークもあるだろうと、ニューヨークからハーバード大学卒の若手社員を２人連れてきてくれることになりました。

東京の社長やグローバルヘッドと会えると評判に！

前日に自分たちで学生を面接するブースをセットアップしましたが、「マネージング・ディレクターが飾り付けをしている会社なんてありませんよ！」と競合他社の知り合いに笑われました。その会社のブースを見に行くと、専門の業者が飾り付けを行っています。素敵です。

初日は、会場で会社のパンフレットを配ったものの、学生集めに苦労しました。競合他社のブースには行列ができています。ここまでは完敗です。

しかしながら、その日の夜に主催したレセプション（懇親会）に参加した学生たちの「レセプションに参加すると、東京の社長やグローバルヘッドと直接話ができる」という話が口コミで学生たちに伝わり、2日目は、学生が殺到しました。夕方には倒れそうでしたが、レセプションも開催、結局優秀な学生を数名採用することができて、大満足なイベントになりました。

ブースを見る限り、どこからどう見ても魅力的な会社には思えません。翌年のイベントに向けての大きな課題となりましたが、それでも、飾りつけにお金をかけるのではなく、また、東京、ニューヨークから若手社員だけをボストンに送り込むのでもなく、採用する権限を持っているマネージング・ディレクターたちが参加するという企画そのものが功を奏したのです。他社と差別化することがいかに大切かを実感することができたイベントになりました。

要因計画の策定

このときに策定した要員計画について簡単に説明します。このようなビジネスプランを作成するときのつくり方は、人それぞれでこれが正解というものはありませんが、このケースでは、次の手順で作成しました。

①　情報収集・現状分析
各チームの人員数、収益状況、今後のビジネスの拡大余地。

②　問題把握・課題発見
人員不足がどのような悪影響を各チームに与えているか？

③　目的の明確化
どのチームに優先的に人を増員するか？　どんな人材を必要としているのか？

④　方針の決定
採用人数、バイリンガルの新卒採用。

⑤　ゲームプラン（問題解決策）
参加費用なども考慮した上で、ボストンキャリアフォーラムへ参加する方針を決定。

⑥　具体的な実行計画
事前準備、選考の段取り、フォーラムでの役割分担。

⑦　この取り組みにより得られる成果

「どうやるか」より「何をやるか」が重要

私が各チームのヘッドに対し説明するときに特に気をつけていたのは、「何をやるか？」から説明を始めるということです。いきなり「ボストンキャリアフォーラムに参加しましょう！」と説明しても、聞いている人たちは何を判断すればよいかわかりません。

このケースの場合、いくつかのチームで人員不足により悪影響がでていることを説明し、経験のある人材が必要なチームは今回の対象から外し、バイリンガルの新卒社員を必要とするチームへの採用を実施したい旨を説明します。

その上で、「どうやるか?」を説明します。多くの候補者から採用するためにはボストンキャリアフォーラムが私たちのニーズを満たしてくれることを説明、フォーラムまでに何をやるか、当日の段取りを簡単に説明します。そして、新卒社員を採用できた場合の期待収益額を提示します。

「何をやるか?」を最初に伝え、目的・方針を明確にし、その上で「どうやるか?」を説明することが、聞き手にとってわかりやすいプレゼンテーションだと私は思っています。

7　自分のやりたいことを実現するためのネゴシエーションスキル（交渉力）

敵対的なネゴシエーションではうまくいかない

よい企画を考えてもすべてが実現できるわけではありません。ネゴシエーションが必要になる場合もあります。ネゴシエーションというと、自分の主張をどうやって相手に納得させるかというイメージを思い浮かべる人も多いと思います。「5　誰かを批判するためのものではないクリティカル・シンキング（批判的思考）とは」でも説明しましたが、クリティカル・シンキングも、ネゴシエーションスキルも、相手を言い負かすためのツールとして身につけても意味がありません。それでは自分のやりたいことを実現することは難しいでしょう。

ビジネスを交渉するときに、それが社内でも社外でも、交渉する相手の気持ちを全く考えないで自分の主張が論理的に正しいと一方的に「私はこう思う、私だったらこうする」と押しつけても、相手が主張を変えることはないでしょう。

2つの主張のどちらが正しいかはわからないということを前提に、その2つの主張の間のどこかに答えがあるという気持ちで交渉することが、最終的に自分のやりたいことを実現するためには必要になってきます。

リレーションシップをどうやって築くかがポイント

自分の考えと異なる考えを持っている相手が、自分の主張を受け入れてくれるようになるためには、リレーションシップを築くこと（関係を構築すること）がとても重要です。

こんな話を聞いたことがあります。

ニューヨークにある某銀行のトレーダーが「欧州債（ヨーロッパの国債）の取引をやらせてくだ

さい」と上司のところに行きましたが、「欧州債は本店とロンドンが担当しているので、ニューヨークでは無理です」と承認されませんでした。

そのトレーダーは素直に引き下がりましたが、それから1年間ほぼ毎日ロンドンの欧州債のシニアトレーダーと電話で相場の話をし、東京のシニアマネジメントと話をするときには、米国債（アメリカの国債）の話に加えて、必ず欧州債の話もするようにしたそうです。

そして、1年後に「欧州債の取引をやらせてください」とロンドンのシニアトレーダーと東京のシニアマネジメントにお願いすると、答えは、「いいよ！」だったそうです。

そのトレーダーは、「東京とロンドンから了解をとりましたので、欧州債の取引をやらせてください」と再び上司のところに行きました。上司の答えは、「本当ですか？」だったそうです。

1年かかっても、どうしてもやりたい取引だったのでしょう。それには、ロンドンのシニアトレーダーと東京のシニアマネジメントに自分が信頼されないと何も始まらないと思ったのです。

交渉するには、自分の主張を受け止める相手（ロンドン、東京）の気持ちを深く考えた上で、日々の会話から信頼してもらう必要があるとこのトレーダーは考えたのです。「そこまでやりたいというのなら、いいじゃないか？　やってごらん！」と相手に納得してもらえるような交渉を1年かけて行い、自分のやりたいことを実現したのです。

相手を言い負かすためのツールとしてではなく、自分のやりたいことを実現するためのネゴシエーションスキルを身につけたいものです。

8　会社にとって一番大切なこと、それはチームワーク One Team One Dream!

あっという間に学生たちが打ち解けるレセプション

ボストンキャリアフォーラムで主催したレセプションでの出来事です。私たちは、学生たちの質問に答えるだけではなく、「履歴書を見れば君が優秀なのはわかる。だから、もっと君がどんな人かわかるようにもう一度自己紹介して！」「凄くよくなった！　話す相手の頭の中に君が登場するように話すとよい！」「コンベキシティって何？　そうそう。凄いな！　君は、もっと数学が得意だとアピールしたほうがよい」とアドバイスします。あっという間に学生たちが打ち解け、学生の笑い声も聞こえてきます。

就職活動に関するテクニカルなことを聞かれると、若手社員に聞くようにアドバイスし、日本企業との違いを知りたい学生は私のところに集まってきます。

会社にとって一番大切なこと

レセプションが盛り上がってくると、社長が立ち上がって学生たちに質問を開始します。学生たちは積極的に手を挙げて質問に答えています。

「会社にとって一番大切なことは何だと思いますか？」

学生から様々な意見がでてきましたが、社長が珍しく、それは「チームワークです」と語り始めました。

「ワンチーム、ワンドリーム！　今日ここにいるメンバーは、東京、ニューヨークでグローバルマーケットビジネスを指揮しているメンバーです。東京オフィスで人を採用するために、ニューヨークオフィスのグローバルヘッドたちは一銭にもならないのに来てくれました。最高のチームです」

すると、グローバルヘッドの1人が立ち上がりました。

「覚えておいて欲しいことがあります。学生が1人でできることには限界があります。皆さんが会社に入っても同じです。会社も同じです。東京だけで、ニューヨークだけでできることには限界があります。でも、1つのゴールを目指して、チームが皆で力を合わせることができれば、必ず夢は叶うと信じています。就職活動頑張ってください」

その晩ホテルのバーで飲みながら「学生たちは実力を発揮できたかな？　学生に今日のレセプションは楽しかったって言ってもらえるといいね！」と話していると、手伝いに来てくれたハーバード大学卒の若手社員が嬉しそうに話しだしました。

「凄いチームワークでした。びっくりしました。マネージング・ディレクターの皆さんがこんなに一生懸命学生と話すなんて思ってもいませんでした。凄く嬉しいです！」

会社にとって一番大切なことは「チームワーク」だと熱く語るリーダーたちのメッセージは学生

たちのみならず、若手社員にも伝わったに違いありません。

9　それぞれが自分の持ち場でリーダーシップを発揮するチームは強い！

私はランチを買うために会社に入ったわけではない

東京市場は昼休みのある珍しいマーケットです。その東京市場でも米国債は休みなく動いています。外国債券担当者たちは弁当を買ってきて、デスクで昼食をとることが多くなります。自分で買いに行くことが多いのですが、マーケットが動いている日は、新入社員がメモをもって先輩社員たちのデスクを回ります。

ある日、新入社員に「私は弁当を買いに行くために会社に入ったわけではありません」と言われたことがあります。

そこで、私は、メモを持って、「じゃあ今日は僕が弁当買いに行って来るよ。僕はしらす弁当」とか言いながら、各デスクを回ります。中堅社員たちが慌てて「私が買ってきます」と立ち上がりますが、「大丈夫、皆忙しいから、今日は僕が買ってくる、何にする？」と聞くと、恐る恐る「じゃあ、私は親子丼」とか注文してきます。

そして、トレーディングフロアから外に出る前に、新入社員に「今日昼休みに米国10年債10億ドル（1000億円）の取引がくるかもしれないから、僕がいない間にお客様から電話がかかってきたら君が価格を呈示して、取引が成立したらヘッジしておいてね」と伝えます。すると「ちょっと待ってください。無理です」と答えます。

私は、メモを渡して、「だから君が皆のために弁当を買いに行くんだよ。わかった?」と言うと、「すいませんでした。買ってきます!」と納得して、弁当を買いに行きます。急に皆が、「じゃあ、ヨーグルトも買ってきて!　バナナ1本追加!」とか注文しだします。

この新入社員が弁当を買って戻ってくると、すぐに中堅社員が部屋に連れて行って話をします。激しく怒られることになります。こういうときに私は「まあいいから」と茶々を入れることはしません。役割分担です。夕方になると他の中堅社員が「ちょっと下のパブで1杯飲むか?」と飲みに連れ出し、フォローアップしてくれました。

それぞれのリーダーシップ

そもそも社員が不満を訴えることができる雰囲気をつくることはとても大切です。新入社員が弁当を買いに行くのは当たり前のことではありません。私が最初にきちんと説明しておけば、こんな不愉快な想いをさせることはなかったのです。そんな私の失敗を、それぞれが自分の持ち場で、自分に何ができるかを考え、リーダーシップを発揮してくれるメンバーが助けてくれたのです。

1人でできることには限界があるのです。だから「こういうこともあるよ」ではなく、皆が気持ちよく働くことができる職場にすべく、リーダーは日々成長していく必要があるのです。

「可哀そう」という言葉の残酷さ

この新入社員に対して、あなただったら、どういう言葉をかけますか？

「今日は怒られて可哀そうだったね」という言葉をかけることは、優しそうに響く、よくある光景ですが、実は凄く残酷な言葉だと私は思っています。「可哀そう」と言われた人は、明るく前向きな気持ちになれるでしょうか？　恐らくなれないでしょう。フォローアップしているつもりでも全然フォローアップになっていません。

私なら「今日の自分についてどう思う？」と問いかけます。この問いかけが、新入社員が自分の行動について自分自身で考えることにつながってくれると私は思っているからです。

若いときに夜遅くまで残業していると、帰宅する前に「残業か、可哀そうだな」と声をかけてくれる先輩には、「じゃあ手伝ってくださいよ」と思いながら「お疲れ様です」と、「もう帰りたいよな。頑張って！」と声をかけてくれる先輩には、素直に「ありがとうございます、頑張ります」と答えたものでした。

「可哀そう」という言葉には、無意識のうちに「自分はそうならなくてよかった、自分は巻き込まれなくてよかった」という意味が込められていると私は考えています。だから私は使わないようにしています。

逆に「可哀そう」と自分が言われたときには、「多くの人は深く考えずに「可哀そう」という言葉を使っている」と考え、あまり気にしないようにしています。

10　様々なキャラクターにどう向き合うか？

直感的な人は論理的な人にイライラ

誰にでも苦手な人はいるものですが、自分がやりたいことを実現するためには、苦手な人から逃げてばかりはいられません。自分の上司、重要な顧客の中に苦手な人がいたとしたら尚更です。逃げられません。

例えば、直感的な部長と論理的な課長の下で働いているとしましょう。2人とも物凄く優秀ですが、タイプが正反対の2人です。部長は頭の中でものすごい勢いで論理的に物事を考えています。直感的に何かを言っているつもりはありませんが、言葉としては結論だけが出てきます。そのため誤解されることが多いのですが、実は論理的です。一方、課長はプロセスを大切にし、順を追って説明します。

課長が部長に懸案事項の説明を始めると、必ずと言っていいほど部長は聞きます。「それで、結論は？」　課長も必ずこう答えます。「まだ、説明が終わっていないのですが？」

直感的な人は論理的な人にイライラし、論理的な人は直感的な人にイライラします。人は誰もが自分が嫌いなこと、苦手なことを否定的に捉える傾向があるのです。自分にも何かしらの傾向があるということを理解しておくことが大切です。

部下として仕えるときに気をつけること

部下として仕えるときに気をつけることはどんなことでしょうか？

この部長から何か聞かれたときは、すぐに反応する必要があります。全く見当違いのことを答えて、「何言っているの？」と言われることも少なくありませんが、大丈夫です。そういうテンポが好きな部長は、「ごめん、何を言っているかわからないよな」と追加の説明をしてくれるものです。

一方、この課長の話を聞くときには口を挟まず最後まできちんと聞くことが大事です。途中で割り込み、反対意見でも言おうものなら機嫌を損ねますが、最後まで話を聞き、何点か質問し、わかりましたと言った上で反対意見を言っても大丈夫です。ちゃんとした議論になるものです。

相手のキャラクターを理解することにより、コミュニケーションははるかにスムーズになるものです。

世代間のギャップより同世代のギャップ

いつの時代も新入社員のことを「最近の若い奴」と言って批判する先輩社員はいるものです。様々なキャラクターという話とは少し異なりますが、たしかに、以前は同じ世代であれば、その感性や価値観、行動が大きく異なることは少なかったような気がします。少しでも人と違う行動をする人は「変わっている」と言われたものです。

最近では、同世代でもその感性や価値観が大きく異なるのが当たり前になってきたというのが私の印象です。若者という括り自体がよくないのかもしれません。私も使ってしまう言葉ですが、「若い人の意見を聞いてみよう」という発想自体がもはや古いのかもしれません。

趣味が合わない、考え方が合わない同世代よりも、共通の趣味を持つ先輩・後輩、考え方が合う先輩・後輩と行動するように変わってきているのではないでしょうか？　これは、どの世代にも当てはまるような気がしています。「変わっている」と批判され、孤立する時代から、「個性」を大切にする時代への転換点なのかもしれません。その個性を受け入れてくれる仲間が世代を超えてつながるようになってきているのではないでしょうか？

そうだとすると、苦手な人と働くことにストレスを感じている人が増えていても不思議ではありません。チームのメンバーが職場の人間関係にストレスを感じていて、よい成果を上げるのは難しいはずです。職場の人間関係について、マネジメントは今まで以上に配慮する必要があるのかもしれません。

異なる価値観を持つ部下たちがいることは決して悪いことではありません。例えば、新しいプロジェクトに取り組むときには気の合うメンバー同士に担当してもらうよりも、キャラクターの異なるメンバーを揃えたほうがよいケースも少なくありません。様々な意見がでてくるからです。マネージャーはオブザーバーとしてミーティングに参加し、建設的な議論が行われている限り何も口出しする必要はありません。そして、何よりも大切なことはそのプロジェクトを成功させることです。その成功体験が部下たちの関係を大きく改善させることは確実です。

第2章

チャレンジするメンタリティを持つためには
――グローバルリーダーに求められるチャレンジするメンタリティとは

第2章では、グローバルリーダーとして強いリーダーシップを発揮するために必要なチャレンジするメンタリティについて考えます。

1　失敗することで、チャレンジすることが怖くなる

顧客に怒られ、どうしたらよいかわからず、泣いている社員にかける言葉

顧客に怒られ、どうしたらよいかわからず泣いている部下がいます。こういうときには私はこうアドバイスしてきました。

「大変だったね。ちょっと話を聞いてくれる？　君が明日の朝まで泣いて、その結果顧客が許してくれるなら、明日の朝まで泣いていてよいよ。どう思う？」

大体の人は首を横に振ります。そこで、「どうすれば顧客からの信頼を取り戻すことができるか考えてみよう！」と話すと、そんなこと考えられたら泣いたりはしないという顔をしながらも、私に状況を説明し、アドバイスを求めてきます。そこで、私は「顧客のことを一番知っているのは君だから、解決策を3つ考えて！」とアドバイスします。すると、部下は3つの案を考え、私に説明しに来ます。「君はどの案がよいと思う？」と質問するところまで会話が進むと、誰もが既に答えを持っているものです。大切なことはあまり時間をかけないことです。すぐに対応すれば、顧客の怒りが収まり、大きな問題にはならないことが多いからです。

反省はしなくてよい？

同時に私はこういうときには「反省はしなくてよい、これから先のことを考えて！」とアドバイスするようにしてきました。過去を振り返り反省することが大切なことは誰でもわかっているからです。仕事で何か失敗をしたときには「失敗した。こうすればよかった」と既に反省している人が殆どです。自分は絶対間違っていないという人もいないわけではありませんが、それでも顧客から怒られて何も感じない人などいません。

真面目な人ほどその失敗が記憶に残り、失敗することが怖くなってチャレンジすることを恐れるようになってしまいます。そんな部下に対し、「なんでこんな失敗をしたんだ！　ちゃんと反省しているか？」と問い詰めることはリーダーの仕事ではありません。部下を責めても、そこからは何も生まれません。

エレノア・ルーズベルト氏の言葉

アメリカ合衆国第32代大統領フランクリン・ルーズベルトの妻、エレノア・ルーズベルト氏はこんな言葉を残しています。

Yesterday is History, Tomorrow is Mystery, and Today is a Gift. That is why we call it Present.

「昨日はヒストリー。明日はミステリー。今日という日はギフト。だから今日のことをプレゼント（現在形）と呼ぶのです」

素敵な言葉です。終わったことはどんなに後悔してもやり直すことはできない。将来に怯えても仕方がない。だから、今日一日を無駄にしないように精一杯頑張ろう！　と勇気づけるのが、部下のチャレンジするメンタリティを育てるリーダーの仕事です。

2　人はお金のために働けるか？

「お金のために働けるか？」が話題になった忘年会

ある年の忘年会で「お金のために働けるか？」というテーマが議論になったことがあります。全員が外資系企業で働く、生活するには困らないだけの給料を貰っている人たちの話です。

「今僕がこの仕事をやっているのはお金のためです」という1人のコメントから議論が始まりました。色々な意見がでてきましたが、メンバーの1人がこんな話をしました。

「俺たちの仕事は、結果をだせばお金はついてくる。だけどお金のために働いているわけじゃない。俺はこの仕事が大好きなんだよね。だから続けている。誰にも負けない自信はある。そうは言っても、今働いている会社の戦略にフィットしなくなれば、解雇されることはあるかもしれない。まあそれは仕方ない。でも質の高い仕事をしていれば、自分を必要としてくれる会社は他にもあるはずだから、きっと仕事は見つかると思っている。だから、解雇されることは怖くないけど、お金のために働いていたら解雇されることが怖くないか？　今の仕事、楽しいか？」

この意見に「僕もそうだな。私もそうです」と多くの参加者が共感していましたが、「色々な考えがあるのは当然だし、自分が納得してお金のために頑張って働いているのなら、それはそれでよいのではないか、そういう働く動機っていうのもありかもしれない」とそれぞれがキャリアを考える上でとても貴重な時間になりました。

財を残すは下、事業を残すは中、人を残すは上なり

私は、大学の大先輩が私に教えてくれた「財を残すは下、事業を残すは中、人を残すは上なり。されど、財なさずんば事業保ち難く、事業なくんば人育ち難し」という後藤新平氏の言葉を思い出しました。財を残すは下とは言うものの、金儲けがいけないと言っているわけではありません。むしろ金儲けができなければ、事業も継続できないし、人を育てることもできないのです。

3　好きなことに没頭する

かけっこは速かった、だけど走るのは好きじゃなかった

私は小学生の頃、長距離を走るのが大嫌いでした。当時私が所属していたリトルリーグの練習場は西武新宿線の沼袋駅のすぐ近くにある少年野球場でした。隣には刑務所があり、練習前に、一周1キロある刑務所の周りを何周も走ります。走っていても景色が変わらず、私にはとても苦痛でした。

小学生が野球の練習のたびに5キロ、10キロ走っていると、自然に走るのが得意になり、学校でタイムを計ると先生に中学生の大会に出場しても入賞できると褒められるようになりました。そして、中学に入ったら陸上部に入るのがよいとすすめられるようになりました。

好きなことは下手でも続けられる

最近嫌いなことでもできることはやってみるとよい、成功することが多いという話を聞きました。やっているうちに好きになることが多いというのは、たしかにその通りなのかもしれませんが、私には無理でした。陸上と言われると、刑務所の周りを走るというイメージを払しょくできず、結局好きになれませんでした。

私は、好きなことなら下手でも続けることは苦になりませんでしたが、自分が比較的上手くできることでも嫌いなことを続けることは苦痛でした。

ガムシャラに頑張る

私がロンドンで金利のトレーダーを目指して働いていた頃の話です。

オフィスにいつも通り出勤すると、ロンドン市場でも有名なイギリス人の為替のシニアトレーダーが既にトレーディングを始めていました。頭から湯気がでているのかと思うくらいの熱気で、

「マイン（買い）、ユアーズ（売り）」と叫んでいます。そんな姿を見たのは初めてで、その迫力が物凄かったのを覚えています。その日の夕方にそのトレーダーに話を聞きに行きました。「今日は随分早くからトレードしていたけど、何かあったのですか？」

すると、「いつもあんなに早くオフィスに来ているの？　頑張っているね。僕は、昨日何をやっても上手くいかなくて損をしたから、今日は絶対取り返してやるって自分に気合を入れて早く来た。今日はちゃんと儲けて、昨日の損は取り戻したよ！　御馳走してあげるから飲みに行こう！」

大好きなことを必死に頑張れば達人になれる、そして自分のことは自分で決める

彼は、当時の私にとって憧れの存在です。そのトレーダーがガムシャラに頑張っているのです。正直焦りました。もっと頑張らないと彼との差は広がるだけだと思いました。この話をすると、彼はこんなアドバイスをしてくれました。

「僕たちの仕事は結果がすべて。必要なときには何日も徹夜して働かないといけない。身体を壊しても誰も助けてくれない。大変な仕事だけど、僕はこの仕事が大好きだ。大好きなことを必死に頑張れば達人になれると信じている。君も大好きだろ？　だったら大丈夫。僕のことなんて君はあっという間に追い越すに決まっているじゃないか！　トレーダーとしての僕からのアドバイスは、買うか売るかは自分で決める。自分のことは自分で決める」

「大好きなことを必死に頑張れば達人になれる」という言葉を、私は今でも大切にしています。

銀行の市場業務は世の中の人が思っているよりも激務なのに、何故続けられたのか？

銀行で米ドル債券ポートフォリオのヘッドだった頃の1日です。朝9時を過ぎると電話が鳴り止むことはありません。ロンドン市場がオープンする前にマネージャーが集まって投資方針を相談します。席に戻り、チームに方針を説明し、何もなければ午後6時頃には一度家に帰り、家族と食事をします。そして、午後10時（夏時間は9時）には再びオフィスに戻ります。アメリカでは重要な経済指標が日本時間の午後10時半（夏時間は9時半）に発表され、それを受けて市場では活発に取引が行われます。

市場が大きく動く日はなかなか家に帰ることができません。家に帰るのは午前1時、2時になるのが当たり前でした。そして、また6時には起床して1日が始まります。その後フレックスタイムが導入され、働き方は大きく改善しましたが、何故こんなことが続けられたのでしょう？

面白かったからです。経済、金融政策を追いかけて、政治、地政学リスク、などあらゆることを念頭において、頭をフルに回転させて相場観をつくっていきます。自分のシナリオ通りに市場が動いたり、動かなかったりの毎日です。「何で？」と考え、「私はこう思う！」と考え続ける仕事が大好きでした。だからこそ、誰にも負けない自信はありましたし、何よりも楽しかったので続けることができたのだと思っています。仮にそこまで好きになれなかったとすれば、朝6時に起きて、朝3時に寝る生活は続かなかったでしょう。肉体的にも精神的にも疲れる仕事でしたが、好きだったからこそ、月曜日には元気に出勤することができていたのです。

4　褒める・褒められることで人は成長する

「元気があってよろしい！」　祖父に褒められるのが嬉しくて続けた書道

先日、文部省認定毛筆書写技能検定3級に高校生のときに合格したときの賞状が出てきました。当時は日本で唯一の毛筆に関する技術と知識を審査する技能検定で、毛筆の実技に加えて知識を問う問題もありました。最高位は1級でした。

私の祖父、父、叔父たちは書道家ではありませんが、全員ハンコ屋の職人で、字を書くプロでした。残念ながら、祖父は私が小学2年生のときに他界してしまいましたが、書道の達人でした。まだ幼稚園に通っている私に、王羲之（おうぎし）が書いた書道史上最も有名な「蘭亭序」をはじめ、虞世南（ぐせいなん）・欧陽詢（おうようじゅん）、そして楷書における最高傑作だと私が勝手に思っている褚遂良（ちょすいりょう）の「雁塔聖教序」を見せてくれたのが祖父でした。

結果的には大学では経済学を学ぶことにしましたが、大学を受験するときに、自分は学問として「書道」を究めるべきか悩むほど、一生懸命書道に取り組んだのは、「どれどれ見せてください。上手い！」と祖父が褒めてくれたからなのです。

近所に住んでいた祖父が家に一杯飲みに来ると、「字を書いていますか？」と声をかけてくれました。作品を見せると、真剣な顔をした後に笑顔で嬉しそうに「元気があってよろしい！　一生懸命練習すれば必ず上手になります」と丁寧な言葉で褒めてくれる祖父でした。今でも覚えているほど褒められるって嬉しいことなのです。

人を褒めるのは意外と難しい？

人を褒めるのは実は意外と難しいものです。本人がそう思っていないのに、プレゼンテーションを「凄いね！」と褒めても、「いやー、何かが足りないんですよね？」と私の言葉は、部下の心には全く響きません。どんなアドバイスをしても駄目なものです。それは相手の気持ちを理解していないからです。こういうときには、「このプレゼンについてどう思う？」と部下の気持ちを確かめた方が「じゃあ、どうしよう？」と会話はつながっていくものです。

逆に、部下が一番嬉しそうな顔をするのは、褒めて欲しいと本人が思っているときにタイミングよく褒めてあげたときです。本当に嬉しそうな顔をします。そして、そういうことをきっかけに今までは諦めていたことにチャレンジするようになるものです。

5　楽観的な考え方・悲観的な考え方、コミュニケーションスキルを磨く

無理だと思う難題について「君はどう思う？　できるか？」と問われたらどう答えるか？

どこの国の会社で働いていてもマネジメントは無理難題を押しつけてくるものですが、特にアメ

リカの会社で働くときには気をつけないといけないことがあります。難しいことほど「君はどう思う？　できるか？」と問いかけてきます。

日本人の多くは、９割方上手くいきませんと悲観的に答えます。上手くいかない理由は以下の通りですと丁寧に説明します。理路整然としていて反論できません。日本人にこういう説明をさせたら、世界一です。しかしながら、アメリカ人のマネジメントは間違いなく不愉快そうな顔つきになっていきます。

口には出しませんが、「難しいことはわかった上で聞いているのに、よくもまあできない理由をそこまで並べられるな」という不愉快そうな表情になります。

一方、アメリカ人のチャレンジするメンタリティには驚かされます。まずは、「簡単ではないが可能です」というトーンで話を始めます。そして、実現するにはどんなサポートが必要かという話につなげていきます。聞いている日本人は「そんなサポートしてくれるわけがないだろう」という顔つきで聞いています。

マネジメントは、話を聞いた後に、「成功する可能性はどれくらいか？」と最終的に聞くことになります。「今のチームメンバーだけで対応するのはかなり難しい。成功する可能性は10％」と答えます。

結局のところ両者の言っていることに大きな差はありませんが、悲観的な考え方から始めるか、楽観的な考え方から始めるかで、マネジメントの満足感には大きな差が出てくることになります。

日本人は悲観的、アメリカ人は楽観的？

一般的に言うと、日本人は悲観的に物事を捉え、アメリカ人は楽観的に物事を捉えることが多いと言われています。どうやればできるか前向きに考えることになるので、経験的には楽観的に取り組むほうが上手くいく傾向にあります。そうは言っても、仮にこれが日本の会社で「10％の確率で成功します！」っていう話をしたら、マネジメントには「君は私のことを馬鹿にしているのか？」と言われるでしょう。

これこそが本当のコミュニケーションスキルです。忖度するということではありません。自分の結論は変わりませんが、相手が受け入れやすい説明を行うコミュニケーションスキルはグローバルで成功するためには身につけておくべき力です。

6　自己肯定感を高める

平成の30年で、日本人が失ったものは、「自己肯定感」

平成の時代は失われた30年と言われますが、何が失われたのでしょうか？　私は、日本人が失ったものは、「自己肯定感」だと思っています。

自己肯定感が低くなると、物事を悲観的に捉える傾向が強まり、自分の悪いところ、弱いところばかりが気になります。スポーツの試合に負けたり、受験に失敗したり、失恋したり、挫折することは誰にでも経験のあることです。

それを乗り越えることができれば、再びチャレンジするメンタリティが戻ってきますが、乗り越えることができずに、自分の悪いところ、他人の悪いところ、社会の悪いところばかりが気になるようになると、結果的にチャレンジすることに慎重になってしまいます。

日本人には、よいところを伸ばすこと、そして「私だったらこうする」と前向きに物事を捉えることが求められているのではないでしょうか？

新しい世界を知ることは面白い

大学の1年下の後輩からサロン（勉強会）をやっているので、世界経済のことを話して欲しいと頼まれたことがあります。江戸の伝統工芸の職人、家具職人、酒屋さん、卵焼き屋さん、不動産業などの経営者、弁護士、税理士の先生など様々な分野で活躍する方が参加しているサロンです。

普段はどうしても金融業界で働く人たちと過ごす時間が多くなってしまうので、自分でも気がつかないうちに意見が偏ってしまうものです。新しい人たちと出会える絶好のチャンスだと思い、この話を引き受けました。

当日約20分の時間をもらって、世界経済の話をしました。さあ、のんびりご飯でも食べるかと思っていたら、それから2時間、お皿を持つこともできないほど、「ちょっといいですか？　最高に面白かった！」「こんなにわかりやすい経済の話は初めて聞いた！」と皆が私を褒めてくれます。仕事で顧客に話してもこんなに褒められることはありません。素直に嬉しいものです。次回話すときにはもっと喜んでもらえるようにしたいと前向きな気持ちになるものです。

私は、このサロンに参加することで、沢山の方と出会うことができました。知らない世界がどんどん自分の目の前に現れるのがとても新鮮でした。シェアハウスに木でつくった手づくりのダイニングテーブルと椅子を置くと、無意識のうちに自分の部屋から出てきて、ダイニングテーブルで過ごす人が増えるという話や人と物の調和、人と物の丁度よい距離感なんていう話を家具職人の方から聞くと、話が盛り上がり会話は尽きません。

自分のいた世界がいかに狭い世界だったのか気づくと同時に、サロンに参加しているメンバーが知らない世界を学び合うことによって、無意識のうちに自己肯定感を高めているということに気づきました。

7　多様性を受け入れる

辞めていく外国人社員たち

日本人が世界を舞台にチャレンジすることは素晴らしいことですが、逆に日本に入ってくる外国人が増えていることも忘れてはいけません。特に日本の大学を卒業した外国人留学生で、日本企業に就職する人は日本が大好きだというケースが殆どでしょう。そんな外国人社員ですが、入社してから一生懸命育てても数年で辞めてしまうという話を日本企業の経営者から聞いたことがあります。

外国人の自分に責任のある仕事が任されるのか？

頑張っても、外国人の自分には責任のある仕事を任せてもらえないのではという不安を抱えている人の話を聞いたことがあります。チャンスを与えてもらえれば自分はそれにチャレンジする用意ができているのに、いつまでたってもそのチャンスが来ない。このまま働いているとチャレンジするメンタリティを忘れてしまいそうだというのです。

マネージャーと話したかどうか質問すると、既に話は何度もしているという人が多いものです。こういう話をする外国人に共通していることは、真面目で、優秀な人が多いというのが私の印象ですが、外資系企業に転職していきます。

日本人のマネジメントにも言いたいことは山のようにあると思いますが、最大の問題はコミュニケーション不足であることは明らかです。日本人のチームに外国人が入ると、習慣の違いに驚いたりすることがあります。同時に日本人だけでは思いつかないアイデアを持っていることもあるのです。

それをポジティブに受け止め、会社の中ではマイノリティだと感じている外国人社員の気持ちを理解し、その立場を考えたコミュニケーションをとっていれば、お互いにとってよい結果となるはずなのにとても残念です。

「君のアイデアは面白いね！　もう少し話を聞かせて欲しい」と積極的にかかわり、それをどうやってカタチにするか議論が深まっていくと状況は大きく変わっていくはずです。何か新しいことが始まりそうだとワクワク感につながり、思ってもいなかった成果が上がることもあるものです。

日本企業に外国人社員・マネジメントは増えていく

外国人顧客に対し、よりよいサービスを提供するために、これからは日本企業が海外の企業を買収することも増えていくでしょう。逆に、欧米に加え、アジアの企業がその資金力を背景に日本企業を買収するということも増えてくるかもしれません。言葉の問題は勉強すれば解決しますが、多種多様な価値観を受け入れることができるかどうかは心構えの問題です。

外国人社員に対して壁をつくるか受け入れるかは本人次第ですが、受け入れて協力するほうがはるかに有意義ではないかと思います。

8　アンコンシャス・バイアス

環境や経験によって誰もが持つ先入観や思い込み

アンコンシャス・バイアスとは、自覚のない無意識の差別や偏見のことをいいます。自分の生きてきた環境や経験によって誰もが持つ先入観や思い込みが原因なので、自分ではなかなか気づきにくいものです。だからこそ、自分がアンコンシャス・バイアスを持っていることに気づいたときに、今までの自分の価値観が差別や偏見であったことを素直に認め、自分の言動を正していくことがとても大切です。

しかしながら、大きな問題はそれを誰かに指摘されたとしても、自分の価値観が差別や偏見だということを認めない人が少なくないということです。

ラグビーの日本代表って、何でこんなに外国人が多いの？

２０１５年に開催されたワールドカップで、ラグビー日本代表が大方の予想を覆し、南アフリカに勝利したことで、日本ではラグビー日本代表に注目が集まりました。そして、２０１９年には日本でワールドカップが開催されたこともあり、日本中が注目するスポーツになりました。

現在ラグビーでは、その国で生まれていなくても、国籍を取得していなくても、３年以上の居住歴と、他国の代表としてプレーしたことがないなどの条件を満たせば、新たな国での代表権を得ることができますが、これは、イギリス発祥のラグビーが、イギリスの植民地で人気となり、居住する場所で代表としてプレーできるようにしたのがきっかけだと言われています。

当初は「ラグビーの日本代表って、何でこんなに外国人が多いの？」という疑問を持つ人が多く、「外国人プレーヤーに依存している」という批判をよく聞きました。

ラグビー日本代表は未来の日本？

日本代表チームと言えば、日本人により構成されるのが当たり前だという過去の経験に基づく思い込みが原因となったアンコンシャス・バイアスの一例です。「外国人プレーヤーに依存している」は、無意識の偏見であり、「日本代表チームは日本人」という偏った考え方です。

今では、日本代表チームの更なる活躍で、このような疑問や批判を聞くことは少なくなりましたが、インタビューされるたびに、「ラグビーの日本代表って、何でこんなに外国人が多いの？」という声をどう思うかと質問されていたマイケル・リーチ日本代表キャプテンは辛かったはずです。私は、日本のラグビーが強くなった最大の要因は、身体の大きい外国人プレーヤーが日本代表としてプレーするようになったことよりも、色々な考え方、異なる経験のあるプレーヤーが人種とか関係なく、お互いに学びながら1つのチームをつくったからだと思っています。日本人プレーヤーの器用さ、繊細さには定評があるでしょう。外国人プレーヤーには、日本人にはない強さと独創性があり、多様性の大切さを教えてくれます。

これからの日本は、ラグビー日本代表のような国づくりを目指すべきだと思っています。私はグローバルリーダーとはどんな人かと聞かれると、スポーツ界から1人名前を上げるとすれば、マイケル・リーチ日本代表キャプテンのような人だと伝えています。ワールドカップをスタジアムで観戦した友人からのメッセージを紹介しましょう。

「生粋の日本人は数少ないけれど、肌の色の違う外国人と日本人が、日本代表として1つになり、日本の勝利のために生死をかける姿に感動、感激！」

9　双方向のコミュニケーション

上から下へのコミュニケーション

最近、双方向のコミュニケーションという言葉を聞くようになりました。そもそもコミュニケーションとは、双方向のものなので、変な言い方です。しかしながら、こういう言葉が使われるということは、今まで日本社会で使われていたコミュニケーションの意味は、親から子ども、先生から生徒、先輩から後輩、上司から部下へのメッセージのことを指していたのかもしれません。そのメッセージがきちんと伝わらないのは、先生の指導力不足、上司のマネジメント能力不足だと指摘されることが多かったのではないでしょうか？

対等に情報を交換するのが本来のコミュニケーション

与えられたワークシートを生徒が解く、与えられた仕事をマニュアルに基づき行う時代から、自分なりに工夫・努力をしながら柔軟に勉強・仕事に取り組む時代になったため、対等に情報を交換するということが意識されるようになってきたのでしょう。先生やマネジメントは、自分の経験や知識を駆使しメッセージを伝え、生徒や部下は、自分の考えや今まで学んだことを活用し課題に取り組みます。今後は様々な国の人たちともコミュニケーションをとる必要もあるでしょう。

双方向のコミュニケーションは、昭和の時代を生きてきた日本人にとっては難しいことかもしれません。なぜか自分が言っていることが常に正しいと思って、「私の話を聞け！」と腹を立ててしまう年長者は少なくありません。それでは若い人のチャレンジするメンタリティは育ちません。グローバルリーダーにとって、双方向コミュニケーションスキルを磨くことはとても重要です。

10　何かおかしくない？　まあいいか。。。

部下の顧客との電話

特に金融の仕事では、1つのミスが取り返しようのない大きな損失につながってしまうことがあります。電話を介して金融商品の取引を行う場合、ちょっとした思い込み、勘違いで、売りと買い、金額、価格、債券の銘柄などを間違えてしまうことがあります。

よくある間違いが、15と50の間違いです。「フィフティーン」と「フィフティ」は特に間違いやすいので、経験のあるアメリカ人のトレーダー、セールスでも、「ワンファイブ」か「ファイブゼロ」かと確認します。日本語で取引を行う場合は、例えば、7月のことを1月「イチガツ」と聞き間違えないように、「シチガツ」ではなく、「ナナガツ」と言います。

最近では、電子取引が増えたので、このような単純な間違いは減りましたが、それでも気を抜けない仕事であることに変わりはありません。

誰もが、最初は絶対間違えてはいけないと、何度も確認しながら取引を執行しますが、少し慣れてくると、先輩社員たちからも、もう大丈夫だと言われるようになります。そうして独り立ちするようになってしばらく経った頃が一番危ない時期です。今では、顧客とチャット、メールでやり取りすることが圧倒的に増えたので、そもそも先輩社員が確認できない場面も増えました。

私は、電話で顧客と話すときには、周りの先輩社員に聞こえるように大きな声で話すように指導してきました。若手社員が間違ったことを話していれば、先輩社員たちがそれに気づくことができるからです。そして、少しでも不安なことがあるときはチャットする前に先輩社員に確認するよう指導してきました。

ある日、顧客から電話がかかってきました。若手社員が取引の執行を行っています。「何かおかしくない？」と思いましたが、「まあいいか。。。」と聞き流してしまったことがあります。

やっぱりおかしかった。。。

しばらくして問題が発覚しました。やっぱりおかしかったのです。同僚が私のところにきて「ごめんなさい。何かおかしいと思いましたが、あれ、篠原さんも聞いているのに何も言わないから、まあいいか、大丈夫だろうと思ってしまいました」

ミスをした本人が落ち込むのは当然です。「ちょっと待って。もう一度確認して！」と誰かが一声かけていれば防ぐことができたミスなので、チームの士気は下がります。こういうことがあると、この問題に対応することに精一杯になり、他のことは何もできなくなってしまいます。

こういうケースのみならず、誰にでも面倒くさいと感じる仕事があると思いますが、そういうときにこそ慎重に取り組むべきです。問題が発生してしまうとその何倍も面倒くさいことになるのです。この件があってからは、チームのメンバーとは、「何かおかしくない？」と思ったときには「まあいいか。。。」ではなく、必ず声に出そうと話し合いました。

どんな仕事をやっていても問題は必ず起こります。マネージャーが特に気をつけないといけないのは、部下自身の間違いではないケースです。対応が遅れてしまい、顧客と大きな問題になることもあります。例えば、営業担当は正しく指示をしたものの、オペレーションチームが事務処理を間違えて、顧客への送金が1日遅延するようなケースです。

顧客からは営業担当のところにクレームの連絡が入りますが、自分が起こしたミスではないので対応をオペレーションチームに任せてしまうことがあります。場合によっては営業担当自身の間違いではないので、マネージャーに報告しないケースもあります。本来であれば、その顧客の営業担当である以上、①何が起こったのか、②どうして間違いが起こったのか、③間違いに対してどう対応したか、④今後のミス防止策、などをまとめるのが営業担当の仕事です。誰の間違いであろうと自分の会社が間違えたことで顧客に迷惑をかけているのです。こういうときに報告がないと怒るのではなく、チーム全体に常に眼を配り、素早い対応をするのがリーダーの大切な仕事です。

第3章

グローバルマーケットから世界の変化を捉えるには

―グローバルリーダーは金融市場を追いかける！

仕事をしていれば、当然ながら、様々な場面で金融市場のことが話題になります。第3章では、金融業界で働いている人でも自分で分析することが難しい金融市場の話です。難しいと避けて通ることはできません。グローバルリーダーたちは必死に勉強しています。

例えば、自分の会社が主催するレセプションで、アメリカ人、フランス人、中国人など外国人の顧客から、日本の景気は？　日本株は買われるか？　日本では今年はどんなことが流行りそうか？　不動産市場の先行きは？　政府が強く推し進める目玉政策は？　世界全体の景気についてどう思うか？　など様々なことを聞かれます。顧客は、何か自分が知らない情報を手に入れるために参加しているのです。

そのときに「自分は専門家ではないので詳しいことはわかりません」としか答えられない人は魅力的な人でしょうか？　専門家のようには話せなくても、自分の言葉で語るのがグローバルリーダーです。

1　金融市場動向に注目する

プロの投資家だってわからないことのほうが多い？

プロの投資家でも実際にはわかっていることよりもわかっていないことのほうが多いものです。テレビで解説している専門家も既に起こった出来事については、論理的にわかりやすく説明してくれますが、先行きの予想となると、歯切れが悪くなるものです。難しい言葉を使って説明するので、何だかよくわからないことも多くなります。

実際に話している専門家自身も、心の中で、「そんなこと聞かれてもわからないよ」と思っている場合もあるでしょう。

エコノミストやストラテジストの話を聞くときのポイントは

それでは、プロの投資家は、エコノミストやストラテジストの話をどういうところに注目して聞いているのでしょうか？

例えば、あるプロの投資家は「景気が悪くなり、金融緩和が実施されるので、国債が買われる」と思っています。ストラテジストが「景気が悪くなり、景気対策が実施され、財政赤字の拡大に伴い、国債が増発され、国債は売られる」と説明をしています。投資家は金融政策に注目し、ストラテジストは財政政策に注目しています。

この話を聞いた投資家は「自分は市場参加者の注目は金融政策に集まると考えているものの、財政赤字の拡大に関する報道には気をつけよう」とこの情報を頭にインプットします。

市場参加者がどんなことが先行きの材料になると考えているか、自分が見逃している材料がないかということに注目してプロの投資家は話を聞いています。プロの投資家が一番悔しがるのは自分の想定してなかったテーマでマーケットが動いているときなのです。

それぞれの相場観

いきなり自分の相場観を持つことは難しいかもしれませんが、金融業界で働いていない人でも、「何で株が買われたのかな？」と考えることはできるでしょう。疑問を持って、ニュースを追いかけるだけです。毎日15分使えばできることです。買われた理由、売られた理由がわかってくると、これからどうなるだろうという自分の相場観を持てるようになっていきます。

慣れてくると、自分の相場観と違う話をする人、記事に興味を持つようになります。何か自分が認識していない、逃している他の材料を市場が注目しているとすれば、自分は儲かるはずがありません。また、株が買われるという同じ相場観でも、自分とは異なる要因で買われると説明する人の話にも注目するようになります。

今のような情報が溢れている時代になっても、金融業界で働いていても、自分の頭で考えなければ、自分の相場観、意見を持つことはできません。逆に、マーケットのことがわかってくると、ニュースを追いかける時間が少しずつ長くなり、15分が30分になっていきます。「何故？　どうして？」と考えることが面白くなってくるからです。

為替、株、国債金利、そして金、原油などの商品価格を追いかける

最初はドル円、ユーロドル、日経平均、アメリカのダウ指数、S&P500指数、ナスダック指数、ドイツのダックス指数、上海総合指数、米国10年債、ドイツ10年債、日本10年債、原油価格、金価

格、のような価格を追いかけやすい市場を追いかけてみるのがよいでしょう。

週末、月末、年末の価格を記録するようなところから始めてみたらよいのではないでしょうか？

図表1を見てください。２０２０年の年末と２０１９年の年末を比較すると以下のようなことがわかります。２０２０年は、世界的に株価が上昇しましたが、イギリスの株価だけは下落しました。そして、アメリカのナスダック指数が前年比＋48％と大きく上昇していることに気づきます。為替はドル安です。対円では5％、対ユーロでは８％値を下げています。グローバルに国債は大きく買われ、金利は大きく低下しましたが、日本国債だけは売られ、金利が上昇しています。

２０２０年と言えば、新型コロナウイルスの感染拡大で経済活動が低迷し、アメリカの大統領選はバイデン民主党候補が勝利しましたが、トランプ大統領が敗北を認めずにアメリカの政治が混乱した年です。

にもかかわらず、不思議なことに株が買われています。ナスダック指数はベンチャー向け株式市場であり、ハイテク関連企業が多数を占めていることを受け、リモート社会で注目される企業に資金が集まったということでしょう。

イギリスは20年1月末に欧州連合（ＥＵ）から離脱しましたが、急変を避けるために移行期間が設けられていました。いよいよ同年12月末に完全離脱が実現し、21年以降は通関手続が復活し、自由だった人の移動が制限されるなど、景気への様々な悪影響が避けられないと予想されることから、イギリスの株価は下落しました。

〔図表1　2020年金融市場の値動き〕

Equity	±	12/30/19	12/31/20	±%
Dow	2,144	28,462	30,606	7.5
SP	535	3,221	3,756	16.6
Nasdaq	4,179	8,710	12,888	48.0
DAX	470	13,249	13,719	3.5
FTSE	-1,127	7,587	6,461	-14.8
Nikkei	3,788	23,657	27,444	16.0
Shanghai	433	3,040	3,473	14.2
VIX	7.93	14.82	22.75	

FX	±	12/30/19	12/31/20	±%
$/Yen	-5.57	108.77	103.20	-5.1
Euro/Yen	3.38	121.87	125.25	2.8
EUR/USD	0.0932	1.1204	1.2137	8.3

Commodity	±	12/30/19	12/31/20	±%
WTI	-13.20	61.62	48.42	-21.4
Gold	382.80	1,518.80	1,901.60	25.2

Yield	米国債			米国インフレ連動債			日本国債		
	±BP	12/30/19	12/31/20	±BP	12/30/19	12/31/20	±BP	12/30/19	12/31/20
2	-144.8	1.571	0.123				1.9	-0.138	-0.119
3	-142.7	1.595	0.168				1.0	-0.144	-0.134
5	-131.5	1.676	0.361	-119.0	0.020	-1.170	1.7	-0.127	-0.110
10	-97.0	1.886	0.916	-122.1	0.140	-1.081	4.8	-0.025	0.023
30	-68.9	2.335	1.646	-88.8	0.520	-0.368	22.7	0.410	0.637

Curve	米国債			日本国債		
	±BP	12/30/19	12/31/20	±BP	12/30/19	12/31/20
2/5	13.3	10.5	23.8	-0.2	1.1	0.9
2/10	47.8	31.5	79.3	2.9	11.3	14.2
5/10	34.5	21.0	55.5	3.1	10.2	13.3
5/30	62.6	65.9	128.5	21.0	53.7	74.7
10/30	28.1	44.9	73.0	17.9	43.5	61.4

Yield	ドイツ国債			フランス国債			イタリア国債		
	±BP	12/30/19	12/31/20	±BP	12/30/19	12/31/20	±BP	12/30/19	12/31/20
2	-10.8	-0.600	-0.708	-11.5	-0.604	-0.719	-39.7	-0.043	-0.440
3	-20.8	-0.559	-0.767	-18.0	-0.551	-0.731	-46.7	0.055	-0.412
5	-26.0	-0.482	-0.742	-29.9	-0.349	-0.648	-68.9	0.580	-0.109
10	-38.2	-0.189	-0.571	-45.1	0.115	-0.336	-91.6	1.426	0.510
30	-51.4	0.347	-0.167	-57.0	0.930	0.360	-103.7	2.464	1.427

Curve	ドイツ国債			フランス国債			イタリア国債		
	±BP	12/30/19	12/31/20	±BP	12/30/19	12/31/20	±BP	12/30/19	12/31/20
2/5	-15.2	11.8	-3.4	-18.4	25.5	7.1	-29.2	62.3	33.1
2/10	-27.4	41.1	13.7	-33.7	71.9	38.3	-51.9	146.9	95.0
5/10	-12.2	29.3	17.1	-15.3	46.4	31.2	-22.7	84.6	61.9
5/30	-25.4	82.9	57.5	-27.1	127.9	100.8	-34.8	188.4	153.6
10/30	-13.2	53.6	40.4	-11.8	81.5	69.6	-12.1	103.8	91.7

ニューヨーク市場終値（参考価格）

1BP(basis point)は、0.01%

国債は、新型コロナウイルス感染拡大防止策を受け、急速に景気減速が進む中、世界各国の中央銀行が金融緩和を強化したことから買われ、金利は低下しました。アメリカの中央銀行である連邦準備制度理事会（FRB）による積極的な金融緩和政策を受け、米国債金利が日本、ヨーロッパの国債金利よりも大幅に低下したことを受け、米ドルは対円、対ユーロで下落しています。

そして、世界的な景気減速による需要不足を嫌気して原油は売られ、世界各国の財政赤字拡大を受け、金は上昇しています。

このように金融市場の値動きを追いかけるようになると、たまたま見ていたテレビのニュースの「日本、アメリカと比べて、ヨーロッパ株が弱い」という報道に、「そうそう！　私もそう思う！　何故？」と何か嬉しい気分になります。また、新聞に「金が年初来高値を更新！」という記事が掲載されると、「そうそう！　でもどうして？」と今まで気にしていなかった記事が興味深くなってきます。

エコノミスト、ストラテジストという仕事をしている人たちは、経済の変化、金融市場の変化を「何故？　どうして？」と毎日考えているのです。世の中の動きがわかってくると面白くなってきます。

スポーツ観戦とも共通するところがあります。ルールがわからないと面白くありませんが、ルールを覚え、好きな選手ができると面白くなってきます。そして自分でもやってみたくなるものです。金融市場がどうして動いているのかがわからないと面白くありません。どうしてこの株が買われているのか、円が買われているのかがわかるようになってくると面白くなってくるものです。

2　ファンダメンタルズを理解する

ファンダメンタルズとは、「経済の基礎的条件」のこと

ファンダメンタルズとは、経済成長率、物価上昇率、財政収支など、国の経済状態などを表す「経済の基礎的条件」のことです。

景気がよいか悪いかを判断する材料という言い方もできます。金融市場の値動きを予測する基本は、ファンダメンタルズを分析することになります。

金融市場を追いかけるためには？

金融市場動向を追いかけるには①ファンダメンタルズ、②中央銀行による金融政策、③各国政府による財政政策、などを分析する必要がありますが、景気がよいか悪いか、インフレーションかデフレーションか、失業率が上昇しているか、低下しているか、ファンダメンタルズを理解できずに、中央銀行がどのような金融政策を行うか、政府がどのような財政政策を行うかを予測することは困難です。

どんなに精緻に予想しても、予想通りに市場が動くとは限りません。しかしながら、どんなビジネスを行っていても、為替・金利・株式・商品市場動向には影響を受けるため、金融市場動向を追

いかけることは誰にとっても必要なことです。最低限の金融知識と自分の頭で考えることで、エコノミスト、ストラテジスト、トレーダー、ファンドマネージャーが話していることを理解できるようになっていきます。

自分の頭を使って論理的に考え、そして振り返ることで、世の中が注目しているテーマ、世の中で起こっている出来事を理解できるようになっていきます。これこそがファンダメンタルズを追いかけることの意味です。

3　金融政策を追いかける

中央銀行は、金融政策決定会合を行って、金融政策を決定

金融政策を追いかけることとは、より専門的な内容になりますので、テクニカルなことまで正確に理解することはもっと難しくなります。

一番大切なことは、中央銀行は、金融政策決定会合を行って、金融政策を決定するということです。したがって、その会合がいつ開催され、どういう内容が議論され、どういうことが決定されたかを確認することがとても大切です。どの中央銀行も、その時点のファンダメンタルズに基づき、金融政策を決定しています。ファンダメンタルズを考え、金融政策を知ることにより、「これから景気はよくなりそうだ！」とか、「中央銀行による国債の購入がしばらく続きそうだ」とか、世の中で

起きている出来事に対し、自分の考えを持つことができるようになっていくのです。

そんなことを本当に考える必要があるのかと思う人もいるでしょう。確かに上司の指示に基づき、定型業務を行うためにはこのような素養は必要ないのかもしれません。しかしながら、グローバルリーダーとしてチームを率いるためには、経済的、政治的な出来事が、世界経済、自分の業界、会社、チームにどのような影響を与えるか考えることが当然必要になります。

日本のことを詳しく知る必要

グローバル企業でマネジメントとして働くようになると、本国のトップマネジメントから、日本のファンダメンタルズのみならず、そのときに日本で話題になっているありとあらゆることについて、意見を求められるようになります。そんなときにファンダメンタルズ、金融政策、日本の株式市場、少子高齢化問題、移民政策、新型コロナ対策など日本でのビジネスに大きな影響を与えるだろう重要な事項について、「調べます」という返事しかできなければ、本国のトップマネジメントはどう思うでしょうか？　もっと優秀なマネジメントが東京オフィスにはいないのかと思われても仕方ありません。

継続は力なりです。だんだんとわかってきます。金融政策を通じて、世界経済がどういう状況なのかを知り、金融市場動向を追いかけることは誰にとっても必要な素養です。

4　メディアに登場しないがとても大切な金利動向

債券・金利動向の情報は限られている

「昨日のニューヨーク市場で、米国10年債は売られ、前日比金利は上昇し、１・７％となっています」というニュースがテレビで報道されます。

債券・金利動向を知ることは、世界各国の経済状況を理解するためにとても重要です。個人にとっては、貯金をするとき、教育ローン、住宅ローンを借りるときに一番重要なことは金利が何％なのかということです。住宅ローンを借りるときには、固定金利か変動金利のどちらかを選ばないといけません。

債券・金利は、その国の経済成長率、インフレ率、金融政策、そして財政状況などを反映して動くものです。しかしながら、テレビでも、為替・株の話についてはかなり細かい議論をしているにもかかわらず、何故金利が低下したのか、上昇したのかという説明は殆どありません。専門家が「現在の米国の金利上昇は期待インフレ率の上昇を反映したもので、、」という解説をしていても、何を言っているのかよくわかりません。何故なのでしょうか？　それは、米国債の金利が何故上がっているか、下がっているかを説明するのは専門家でも難しいからです。２年債が買われ、10年債が売られることもあり、その理由をきちんと説明できないことが多いからです。

景気がよくなれば金利は上昇、景気が悪くなれば金利は低下

金利の変動要因は様々ですが、一般的には、金利が上昇するときは、景気が加速もしくはインフレ率が上昇するとき、したがって株式が買われるときです。一方、金利が低下するときは、景気が減速もしくはインフレ率が低下するとき、したがって株式が売られるときです。

例えば、「米国10年債が売られ、金利が上昇しました」と報道されているときは、強い景気指標が発表されたか、インフレ指標でインフレ率が大きく上昇したか、もしくは株価が上昇しているか、だと推測することができます。特に強い経済指標が発表された訳でもなく、株価も大きく動いてないとすれば、それ以外に金利が上昇する何か他の要因があるはずですが、

「国債が買われる（金利低下）＝不況、インフレ率低下、株価下落」

「国債が売られる（金利上昇）＝好況、インフレ率上昇、株価上昇」

とメモに書いて机に貼っておけば、かなりのことがわかるようになります。

2年債と10年債の金利差？

誰にでもできることは、金利の推移を追いかけることです。例えば2年債の金利が０・１％、10年債の金利が１・３％だとしましょう。その金利差（10年債金利マイナス2年債金利）は１・２％です。このことを１２０ベーシスポイントと市場間関係者は表現します。０・０１％が1ベーシスポイントです。この金利差が１００ベーシスポイントになるのか、１４０ベーシスポイントになる

のかを追いかけてみるのも1つの見方です。

この金利差が１２０ベーシスポイントから１００ベーシスポイントになるときは、①景気が悪いのに中央銀行が金融緩和を行わないとき（景気がもっと悪くなりそうだ）、あるいは、②景気がよくて中央銀行が金融引締を行うとき（今の景気はよいけど、これから景気が悪くなりそうだ）です。このことをイールドカーブがフラットニングすると言います。

逆に、１２０ベーシスポイントから１４０ベーシスポイントになるときは、③景気がよいのに中央銀行が金融引締を行わないとき（景気がもっとよくなりそうだ）、あるいは、④景気が悪くて中央銀行が金融緩和を行うとき（今の景気は悪いけど、これから景気がよくなりそうだ）です。このことをイールドカーブがスティープニングすると言います。

この話が理解できれば、次のような米国債市場の話が理解できるはずです。

「昨日の米国債市場ではインフレ指標が予想を上回る内容となり、米国債は売られましたが、引き続き中央銀行による金融緩和姿勢は変わらずという見方に大きな変化は見られず、２年債は前日比１ベーシスポイント上昇の０・１１％で取引を終了しました。一方10年債はインフレ懸念から大きく売られ、前日比10ベーシスポイント上昇の１・４％で取引を終了しました。その結果、イールドカーブは９ベーシスポイントスティープニングしました」。

何だかややこしいなと思う人も多いかもしれませんが、証券会社に入社した社員が2年目には当たり前のように話す内容なので決して難しい話ではありません。

2021年に入って、2年債と10年債の金利差が拡大したのは（2月時点）

2021年に入ってから、米国10年債の金利上昇と2年債と10年債の金利差が拡大、スティープニングしたのは、81頁の③が理由です（2月時点）。新型コロナワクチン接種が始まり、経済活動が元に戻る期待感とインフレ率が上昇傾向にある中、中央銀行による金融引締は当面の間実施されないと市場関係者は考えていて、株価が史上最高値を試していることから、米国10年債は売られて（金利が上昇して）いるのです。

頭がくらくらするかもしれません。でも心配しないでください。2年債と10年債の金利を週末に確認して、ノートにつけていれば誰にでもわかることなのです。

私は、「今日は、2年債1ベーシスポイント金利低下、10年債5ベーシスポント金利低下、ということは、金利差は4ベーシスポイント縮小。うーん、81頁の①だな！」と丁寧に追いかけ、方眼紙でチャートをつけているうちにどんどんわかるようになりました。

そして、毎日市場を追いかけるのが楽しくなって、大好きになったのです。だからもう頭がくらくらすることはありません。

何だか面倒だなと思う人が多いでしょう。残念ながら、やらなければわかるようにはなりません。金利動向を説明してくれる人が少ないので、仕方なく自分で金利動向を追いかけてみると、ファンダメンタルズを理解できるようになり、金融政策についても中央銀行が何を考えているのかわかるようになるものです。

楽観的な株式担当、悲観的な債券（国債）担当？

人それぞれですが、一般的には、景気がよく企業収益が好調なときに買われる株式を担当している証券会社のセールスには楽観的な話をする人が多いでしょう。一方、景気が悪く、株式が売られるときに買われる国債を担当しているセールスには悲観的な話をする人が多いものです。経済の先行きについて、懸念材料を取り上げるときに嬉しそうに説明するのが国債のセールスです。

したがって、同じ証券会社のセールスと話をしても内容が変わってきます。特に景気がよくないときには、株式のセールスは、それでもこの業界のA社はこういうことに取り組んでいて有望ですという話をする傾向にあります。国債のセールスたちはそういう話を聞きながらも、株式市場全体が下落するリスクは大きく、株から資金を安全資産の国債にシフトしたらどうですかとすすめてきます。どちらも言っていることは間違っていませんが、当然ながらバイアスがかかっているのです。

テレビに出てきて話をするのは、株式を担当している人が圧倒的に多いので、比較的前向きなコメントが多くなります。エコノミストはファンダメンタルズに基づき、金融政策の話はしてくれますが、金利の値動きを視聴者がわかるように説明してくれる人がもっと増えるとよいと思っています。特に銀行の市場部門で債券運用を担当している人の話が聞けるととても参考になるはずです。

景気が悪化し、貸出が伸びずに、不良債権が増えるような局面では、銀行の収益は思ったようには伸びません。そういうときに中央銀行は、景気を刺激するために金融緩和を実施し、債券は買われます。この金利低下局面を逃さずに儲けるのが銀行の債券運用チームの役割なのです。

5　政治を学ぶ

新聞の読み方

小学校高学年の頃、父から新聞の読み方を教えてもらったことがあります。「スポーツ面、社会面でも何でもよい。色鉛筆を持って、気になった記事、面白いと思った記事の見出しに丸をつけなさい。そして、自分が思ったことを書いておきなさい。1つだけルールがある。翌日以降も一度丸をつけた記事の続きを見つけたら、それには必ず丸をつけて自分が思ったことを書いておきなさい」。

普段は、読売巨人軍の長嶋選手に関する記事に丸をつけることが多かった私ですが、ある日、「国鉄（現ＪＲ）運賃値上げ」という記事を読み、その見出しに丸をつけました。そして「何で値上げをするのか？」と書きました。それを見つけた父からこんなことを言われました。「俺たちハンコ屋にはわからない。政治だよ。何でも政治で決める。だから選挙には行かないといけない。選挙に行ったとしても結果が変わるかどうかはわからないけどな。でも投票もしないで、文句言ったたって駄目だよ。何も変わらない」

この会話をきっかけに政治・経済に興味を持つようになった私は、テレビ番組、社会面、スポーツ面という順番で読んでいた新聞を1面から読むようになりました。

夕食を食べながら色々なことを家族で話すことがとても勉強に！

父が家で商売をやっていたので、家族は一緒に夕ご飯を食べました。歴史、特に明治維新に詳しかった父は、夕食を食べながら、よく私に話をしてくれました。私も新聞を読んで疑問に思ったことをよく父に質問をするようになりました。こんな父と息子の会話と新聞への書き込みは、それ以来社会人になっても続きました。

私は、こうやって自然に政治に、世の中で起きていることに興味を持つようになりました。新聞を読むだけなら、何の力もつかなかったでしょう。ニュースを知っているか知らないかというだけの違いだけです。しかしながら「何で値上げするのか？」と疑問に思ったり、何かを感じたり、考えたりするようになり、継続的にその記事を読むようになると、新しい事実を発見したり、その出来事の背景がわかってくることがあります。

誰かに言われたのではなく、自分で興味を持ったことは図書館に行ったときに本を読んで勉強するようになります。こうやって学んだことは簡単には忘れません。

面接官との会話

就職面接のときに「最近関心を持っているニュースは？」と聞かれても、焦ることはありませんでした。小学生の頃から新聞の丸つけをやってきた私にとっては、事実だけではなく、自分の考えを堂々と話すことができました。

面接官に「君は政治に興味があるんだね。銀行に入ってからは金融政策を追いかけるようになると思うけど、引き続き興味を持って政治を追いかけてね！」とアドバイスしてもらったことがあります。私が「どういう意味ですか？」と質問すると、その面接官は「憲法で国のあり方を定め、政治でそのときの国の方針を決める。金融・経済活動はその方針に大きく影響されるので、政治を追いかけることは大切だと思う」と話してくれました。

父にはとても感謝しています。考える力がついたことは間違いありません。自分の国のリーダーが何を考え、どのような政策を実施しているかを知ることはとても重要なことなのです。政治というと何か難しいと拒否反応を示す人もいるのかもしれませんが、それでは責任あるグローバルリーダーになることは難しく、世界の変化、日本の変化を感じることはできないでしょう。

コンサバティブ（右派、小さいな政府）とリベラル（左派、大きな政府）

アメリカの政治は、昔から2大政党制ですが、今とは逆で、もともと共和党がリベラル派で、民主党がコンサバティブ派でした。奴隷制に反対の姿勢を示していたホイッグ党（現共和党）は、主に奴隷制を容認する州が増えれば白人の仕事が奪われると考えていた北部から支持を得ていました。一方、奴隷制に賛成の姿勢を示していた民主党は、奴隷所有者が数多くいる南部からの支持を得ていました。

南北戦争で北部が勝利し、アメリカ全土に奴隷制の廃止が広がっていきました。その後、共和党は、自由を推し進めることにより、競争に勝ち抜いた人が巨万の富を手に入れることができる社会をつくりあげ、小さな政府を志向する党に変わっていきました。

共和党と言えば、南北戦争で勝利を収めたリンカーン大統領が有名です。リンカーン大統領は、任期中に暗殺されてしまいましたが、１９２９年の世界大恐慌までの間、約70年もの間のアメリカの政治を実質的に支配したのは共和党です。

一方、その対抗勢力としての民主党の方針はコンサバティブ派からリベラル派へ大きく転換されました。民主党と言えば、世界大恐慌による壊滅的なダメージを受けたアメリカ経済をニューディール政策により立て直したルーズベルト大統領が有名です。

長く続いた共和党政権下で競争に負けた貧困層、社会的弱者を、国の政策で救済する社会を築き、民主党が中心となってアメリカを支配する時代が共和党のレーガン大統領政権が１９８０年に誕生するまで約50年間続きました。

今ではアメリカの政治は、コンサバティブ派である小さな政府を志向する共和党とリベラル派である大きな政府を目指す民主党の2大政党制になりました。自由と平等を何よりも大切にするアメリカですが、同じ平等でも目指している平等の形が異なります。共和党は、機会の平等を民主党は結果の平等を目指しています。

２０２１年1月にアメリカの第46代大統領に民主党のジョー・バイデン氏が就任しましたが、様々な分野での分断の解消にどのように取り組むかが大きな課題となっています。

55年体制とその崩壊～自民党と社会党～

日本では、自民党が政権を維持し、野党第1党は社会党が占めていた体制のことを55年体制と言います。自民党が2／3の議席を維持する2大政党制であったために、93年の細川内閣（日本新党）を首相とする連立内閣の誕生まで政権交代が実現することはありませんでした。自民党は「改憲・保守・安保護持」を、社会党は「護憲・革新・反安保」を掲げてきました。

今でも自民党の党是は変わりませんが、野党は乱立している状況で、2009年から2012年までの約3年間民主党に政権を奪われることはあったものの、戦後の日本の政治は自民党による支配が続いてきたと言えるでしょう。

ちょっとした政治史を学ぶだけでも面白いのに、何故国会中継は面白くないか？

ちょっとした政治史を学ぶだけでも、「そういうことだったのか！」と発見があり、面白いものですが、何故国会中継は面白くないのでしょうか？

「あなたは絶対間違っている」という野党からの質問、「いえいえ、私は絶対正しい」という与党の答弁の繰り返しだからだと私は思います。私が使わないと決めた言葉のオンパレードです。どちらか一方が絶対正しくて、どちらか一方が絶対間違っていることを決めるのが国会ではないはずです。このようなやり取りが続く限り、国会での議論により、お互いの意見が歩み寄り、国民にとってベストな法案が成立することは残念ながら考えにくいのではないでしょうか？

「私だったらこうする、大臣どうですか？」という野党議員の質問に対し、「なるほど、そういう点については検討しましょう！」という大臣の答弁を国会中継で見せてくれなければ、「投票に行かない若者は間違っている」と若者を批判しても、聞く耳をもってもらえないのは仕方ありません。

6　宗教を知る

欧州債務危機で苦しんだのはカトリックの国？

免罪符という言葉は誰もが聞いたことのある言葉だと思います。これは、カトリック教会で教皇が発行した免罪の証書で、信徒がお金を収めて、免罪符を手に入れると自己の犯した罪の償いを免除されるというものでした。聖ピエトロ大聖堂建築のための発行された免罪符に対し、ルターがこれを批判、それが宗教改革につながりました。

ルターはラテン語で書かれた新約聖書、讃美歌をドイツ語に訳した人です。当時発明された活版印刷により広く世間に広まり、やがてカトリックに反発した人たちがプロテスタントという新しい教派を誕生させたのです。

カトリックの代表的な国と言えば、スペイン、イタリア、フランス、ギリシャです。欧州債務危機で、苦しんだ国の殆どがカトリックです。免罪符（国債）と引き換えに借金することに抵抗がない国というのは言い過ぎかもしれませんが、何か関連があるような気がするのは私だけでしょうか？

一方、プロテスタントの代表的な国と言えば、ドイツ、イギリス、アメリカですが、経済的に世界を引っ張ってきた国です。

欧州債務危機と宗教に何かしらの関連があるのかどうかはわかりませんが、ちょっとした宗教に関する知識があれば、こんな捉え方もできるのです。

ユダヤ教の祝祭日の市場は閑散？

「明日はユダヤ教の祝祭日なので、マーケットは静かでしょう」

最初は何のことだかよく理解できませんでしたが、金融業界にはユダヤ教徒が多いことで知られています。ユダヤ教の祝祭日のトレーディングルームは、休暇を取得する信者が多く空席が目立ちます。したがって、マーケットは静かなことが多いのです。

日本のことを意外と知らない日本人

私が好きなガイドブックは写真と地図が中心のものですが、外国人は写真よりも観光スポットの歴史、建物の宗教的な意味などを説明してあるガイドブックを好むようです。

パリから来た長期出張者に「鎌倉の大仏」を見に行きたいと言われたことがありました。電車での行き方などを教えていると、彼からの質問に固まった苦い経験があります。ガイドブックを読みながら、「そもそも彼は誰か？」と聞かれ、「仏様」だと説明し、「南無阿弥陀仏」と唱えると極楽往生できると説明しましたが、歴史的なことは、逆にフランス人の彼が私に教えてくれました。日本のことを意外と知らない自分の教養のなさを反省させられた出来事でした。

灰の水曜日

ニューヨークで働いていたとき、アメリカ人の同僚がおでこに黒いしるしをつけて出勤してきたことがあります。街中にも同じしるしをつけた人が歩いています。その黒いのは何かと質問すると、今日は「灰の水曜日」というカトリックの節句で、46日後の復活祭前夜までは、日曜日以外はイエス・キリストの苦難を忘れないように肉を食べないと教えてくれました。

この期間に東京からシニアマネジメントがニューヨークに出張に来て、現地の社員の話を聞きたいので食事に行きたいというリクエストがくると大変です。東京からの出張者は何故か皆ステーキが食べたいとリクエストしてくるので、面倒くさいことになります。復活祭前のこの期間はカトリック教徒を中心に肉を食べないと説明をしても、「何で？」と言われます。

知ると興味深い世界の宗教

アメリカの歴代大統領は1人を除いて全員キリスト教プロテスタントだという話は有名ですが、この話が有名になったのは、おそらくその1人が、ケネディ大統領だったからでしょう。

こういう話を聞くと、キリスト教についてもっと知りたくなります。私はキリスト教徒ではないので、細かいことはわかりませんが、イエス・キリストとその弟子たちがつくったのが「キリスト教」です。キリスト教はローマ帝国の国教になりましたが、このローマ帝国が東西に分裂したことにより、教会も「東方教会」と「西方教会」に分かれることになりました。この「東方教会」が「東方正教会」です。「西方教会」は、宗教改革により、「カトリック」から「プロテスタント」が分かれることになり、現在は、東方正教会、カトリック、プロテスタントの3つの教派に分かれています。

ここからはキリスト教徒には怒られそうな私の覚え方です。カトリックでは、聖母マリアは特別な存在ですが、プロテスタントでは「人間は神様以外みんな同じ」という考え方から、聖母マリアを特別な存在としては扱いません。

したがって、教会に行って、煌びやかな印象で、聖母マリアの像を発見したらカトリックの教会、質素な印象で、聖母マリア像がなかったら、プロテスタントの教会であることが多いというのが私の理解です。

そして、日曜日にカトリックの教会で「ミサ」を行うのが「神父」、プロテスタントの教会で「礼拝」を行うのが「牧師」という違いがあります。神父は結婚することが認められていませんが、牧師は結婚することが認められています。

海外旅行に行って教会を訪ねるときに、荘厳な建物とその装飾の美しさを堪能し、記念写真をとって満足するだけでなく、カトリックの教会なのか、プロテスタントの教会なのか、どんな歴史があるのか、などを調べた上で訪問することでより充実したものになるのではないでしょうか？

7　歴史を学ぶ

80年代、90年代の世界に大きな影響を与えたマーガレット・サッチャー元英首相

イギリス保守党初の女性党首で、イギリス初の女性首相になったマーガレット・サッチャー氏は、私が中学1年のときに首相になり、大学を卒業し社会人になっても首相を続けていた偉大なるグローバルリーダーです。徹底的に財政支出を抑え、市場原理で自由競争を基本とする「新自由主義（マネタリズム）」の立場をとった政治家です。

「お金は天から降ってこない。地上で稼ぎ出さねばならない」というサッチャー氏の言葉は有名です。お金持ちになるために不可欠なもの、それは才能でも身分でもなく、向上心であり、自分の力で稼ぐことが基本だという考え方に基づき、規制緩和を推進すると共に財政支出を大幅に削減した人です。

当時のサッチャー氏の言動は、世界的に大きな影響力があり、特にアメリカのレーガン元大統領、日本の中曽根元首相は大きく影響を受けたと言われています。当時の日本経済は絶好調で、私が経済に興味を持つようになったのもサーチャー氏の影響が大きかったと思っています。

「マーガレット・サッチャー　鉄の女の涙」という映画で、晩年のサッチャー氏がデリにミルクを買いに行く場面があります。「また値上がりしたわね」というコメントを残します。サッチャー氏

が教育科学大臣のときに、無駄の多い教育予算の削減に取り組み、学校で生徒に対し無償配布していたミルクの配給を止めて、他の予算に回したことで「ミルク泥棒」と言われた歴史を知っている人が見れば、ニヤッとする場面です。

当時はイギリスを筆頭に国家が積極的に介入する福祉国家的な「大きな政府」を目指す国が多い時代でした。それでは上手くいかないと立ち上がったのがサッチャー氏です。水道、電気、ガスなどの公共事業に加えて、鉄道などを民営化、規制緩和を推進しました。ビッグバンと言われる金融システム改革を実施したのもサッチャー氏です。所得税や法人税の引き下げを実施するとともに、消費税の大幅な引き上げを実施しました。中曽根元首相以降の自民党政権で実施されたこととよく似ています。

79年にサッチャー氏が就任してから、彼女の掲げる新自由主義に引っ張られるように世界経済は大きく発展しました。10年後の89年にベルリンの壁が崩壊し、91年にはソ連が解体されました。サッチャー氏が中心になって進めた小さい政府を目指す政策が資本主義を発展させたことが影響したのかもしれません。

当時の英国のリーダーだったサッチャー氏が生きていたらどんな政策を行うか？

現在、世界の中央銀行は、マネタリストの立場をとるエコノミストたちに支えられながら、ジャブジャブに資金を供給していますが、景気はよくなりません。同時にサッチャー氏が嫌いだった財政政策を強化し、「大きな政府」として、世界の景気を押し上げようと対応しています。今サッチャー氏がイギリスの首相だったら、どんなことに取り組むのでしょうか？　逆に私があの時代のイギリス首相だったら、どのような政策を実施しただろうなんて考えたりすることもあります。こういうことを考えるのが、歴史を学ぶ面白さなのではないでしょうか。

サッチャー氏は、ヨーロッパ統合には懐疑的な立場をとっていたことで知られていますが、イギリスは、ブレグジットを決断しました。ＥＵから完全離脱したイギリスが今後どうなっていくかは世界中が注目しています。

過去は過去、未来は謎だらけですが、過去を知ることで、これからどんな未来を創っていくかを想像する手助けになることは事実でしょう。人は経験に基づき、仮説検証を繰り返しながら、問題の本質を見極めようと頭を使います。歴史を学ぶということは経験を積むという行為とほとんど同じです。だから、歴史を学ぶことは非常に重要なのです。

8　買われるか？　売られるか？　どんなリスクをとるべきか？

確率は50％

為替・金利・株式・金・原油など金融商品が買われる確率は50％です。それ以上でもそれ以下でもありません。売られる確率も50％です。

じゃあどうやって儲けるか?

1年の営業日を240日としましょう。確率的には120日は儲かり、120日は損します。どんなに凄いトレーダーでも損する日はあるのです。儲けを残すには、儲かった日の利益を大きくし、損した日の損失を小さくすることです。

100人のトレーダーが自由にトレーディングを行うと、1年後には、50人のトレーダーが儲け、50人のトレーダーが損をしている確率が高いのです。トレーディングとはそんなものです。

問題を発見することの重要性

「こうすれば必ず儲かる」という戦略は存在しないと私は思っていますが、儲けている人に共通している点は、着眼点が素晴らしいということです。市場参加者が注目すると思われる材料を発見する力です。

通常のビジネスに置き換えると「問題が何かを発見する力」のある人です。金融市場では、買われた後にどうして買われたかを説明することができても手遅れです。問題（こういう理由から買われそうだ、売られそうだということ）が何かわかれば、解決策（買う、売る）は自ずとみつかります。

金融市場で継続的に儲ける人というのは、問題が何かを見つける力がある人であり、割安、割高の金融商品を常に探している人です。グローバルリーダーと言われる人も一緒かもしれません。リーダーが的確に問題を発見することができれば、部下たちが、その問題に対する最善の解決策を見つけることはそれほど難しいことではないでしょう。

政治リスク、地政学リスクに賭けるのは危険

地政学リスク、政治リスクを事前に想定することは難しいものです。特に地政学リスクが顕在化したときにリスクをとるのは危険です。地政学リスクが発生しているときは、命を懸けて戦っている人々がいるのです。現地からの報道だけで何がわかるというのでしょうか。中途半端な気持ちで投資など行うべきではありません。

また、突然財務長官が辞任するような政治リスクについても、なかなか準備できるものではありません。勿論、アメリカの大統領選挙のように事前に準備できる政治リスクもあります。それでも共和党、民主党のどちらの候補が勝つかを予想してリスクをとることは不確定要因が多すぎて正攻法ではないことは明らかです。

例えば、２０１６年のアメリカの大統領選挙、トランプ氏対クリントン氏の対決では事前の予想を覆し、共和党候補のトランプ氏が当選しました。様々なケースを想定して、市場がどのように反応するのかシミュレーションしておくというのが健全な取り組み方だと私は思っています。

リスクが計測できて、流動性の高い商品への投資

ヒストリカルデータが揃っている金融商品はその変動率が計算でき、最大損失額を統計的に予想

することができます。これに加えて、買いたいときに買える、売りたいときに売れる流動性の高い金融商品のリスクをとっている限り、いつでも反対売買が可能なので、損失額をコントロールすることができます。こういう金融商品を自分の相場観に基づき売買することがとても重要です。

9　72の法則

「72÷7・2％＝10年」

何故かほとんどのアメリカ人が知っている公式があります。アメリカ人に「これは何か？」と問うと、とても不思議そうに、「日本人は数学が得意なのにそんなことも知らないのか？　君は米国債、米国モーゲージ債のトレーダーじゃないか？」と驚かれたことがあります。

「72÷金利＝元本が2倍になるまでの年限」

あなたが１００万円を金利７・２％で定期預金を設定すると仮定しましょう。1年に1回７・２％の利息を受け取ります。その利息も含めて定期預金に預け続けることにします。何年の定期預金を設定すると１００万円は2倍の２００万円になるでしょう？

計算をしてみると10年後に2倍の２００万円になることがわかります。アメリカ人は、72÷７・２＝10と計算します。７・２％で10年間預け続けると元利合計金額が2倍になるという意味です。アメリカ人は、色々な理屈を考えなくても7・2％で運用すると10年間で元利合計金額が2倍になることを知っています。

こういうことをアメリカでは学校で教わるという話を聞いたときには面白いと思いました。義務教育とはまさに生きていく力をつける教育ということなのでしょう。

中国の経済成長率

数学が苦手なアメリカ人でも中国が長年7・2％の経済成長目標を掲げていた理由をよく理解しています。数学の得意な日本の中・高校生に質問してもおそらく知らないでしょう。

中国が7・2％の経済成長を10年間続けると中国経済の規模が2倍になるということです。中国は10年で経済規模を2倍にすることを国家の目標に掲げ、経済運営を行い、今や世界第2位の経済大国になったのです。

老後に必要な資金

この公式を使って1つの例を考えてみましょう。例えば45歳のあなたが相続税を払った後で3000万円の現金を相続することになったとしましょう。

あなたは家の改修工事をしたいと思っていますが、同時に65歳のときに2000万円の老後資金を残したいと考えています。工事業者と話をしたところ2000万円であなたの希望する家の改修工事が可能であることがわかりました。しかしながら、工事を実施すると、残りの資金は1000万円になってしまい、老後資金が1000万円不足してしまいます。この1000万円をあなたは20年後に倍にする必要があります。何％で運用すればよいのか？　さあ、公式を使ってみましょう。

72÷金利＝20→　金利＝3・6％

あなたは手元に残った1000万円を20年間3・6％で運用することができると、65歳のときに2000万円の老後資金を手に入れることができます。

あなたは金融機関の窓口で担当者に次のように伝えます。手元に1000万の資金があります。老後資金にと考えています。3・6％で20年間運用したいのですが、そういう商品ってありますか？

担当者は、少しリスクがあるが、5％のリターンを期待できる商品があるといいます。しかしながら、あなたは自信を持って答えることができるはずです。それより安全な元本保証のある3・6％の商品がよいです。

「72÷金利＝元本が2倍になるまでの年限」という公式、とても役に立つと思いませんか？　解を求めるのが目的ではなく、求めた解を判断材料として使い、決断し、行動するのです。そのために、数学、データを利用します。

気をつけないといけないのは、解をよく理解しないで使うことにより、木を見て森を見ないようなことがないようにすることです。ありとあらゆる分野で、誤ったデータによって人は間違った認識を持ち、間違った判断をしてしまいます。

アメリカの教育では、物事を判断し、決断する前に、もう一度この解の意味を自分たちは本当に理解しているか議論します。そういう教育を行っているアメリカだから、0から1を生み出すことができて、クリエイティブなものがどんどん生まれるのかもしれません。

10　金融市場で何が起きているか？

グローバリゼーションの進展と異次元の金融・財政政策

グローバリゼーションの進展で、市場原理で自由競争を基本とする「新自由主義（マネタリズム）」を主張するエコノミストが増えました。そのシカゴ学派のリーダーが、ミルトン・フリードマン氏です。フリードマン氏は、政府の裁量的な財政政策に反対し、財政政策によってではなく、貨幣供給量によって、景気循環が決定されると主張した経済学者です。ノーベル経済学賞受賞者を含め多くの経済学者を育てたことで知られています。

リーマンショック後、中央銀行による過去になかったような積極的な金融刺激策に加え、新型コロナウイルスの世界的流行を受け、各国政府がこの危機に対応すべく、積極的な財政出動を行っています。

フリードマン氏が生きていれば、「過去に見たことのないような社会主義的な政策を世界各国で実施している」とコメントするのではないでしょうか。まさに未曽有の異次元金融緩和政策・財政政策を同時に実施している状況です。

逆に聞いてみたいのは、マネタリズムにより景気が回復するのであれば、フリードマン氏の指示通りに、日米欧の中央銀行がこれでもかというぐらいのお金を大量に刷って、市場に大量の資金を供給したにもかかわらず、金融資産の価格、不動産の価格を押し上げたものの、目標とする2%のインフレ目標を達成できず、景気回復に過熱感もないのは何故なのでしょうか？

バブルの崩壊については第4章で説明しますが、金融システムを守るために中央銀行による流動性の供給が必要だったのは事実でしょう。しかしながら、不況に陥った世界に必要なのは金融市場を支えるお金ではなく、家を失った人、失業した人が再び職に就き、自分の力で稼ぐことができるように、政府が有効需要を創り出すことだったのではないでしょうか？

後には戻れない中央銀行、財政赤字には目をつぶる政府

2020年は、新型コロナウイルスの感染拡大を受け、世界各国が感染防止策を実施、世界中で需給バランスが大きく崩れ、景気が急速に悪化しました。サプライチェーンの分断でモノの流れが止まり、そして、国境を閉鎖し、人の流れを人工的に止めると、次にお金の動きが止まりました。世界中の中央銀行が金融システムに支障が出ないよう流動性を大量に供給しました。民間のバラン

スシートが急速に縮小する中、中央銀行は量的緩和を大々的に実施、公的機関である中央銀行のバランスシートが急拡大するという状況になっています。出口は見えません。

いつかはバランスシートの拡大を止めないといけないと考えているでしょう。しかしながら、現状の世界経済は自律的に回復する力はなく、今金利が上がり始め、それを受けて、株式が売られ始めたら、景気の悪化は避けられないと中央銀行は考えているでしょう。後には戻れない状況です。

また、各国政府は大型の経済対策を実施しています。本来であれば、国の借金が増えるということは、国債の発行が増え、需給から考えれば、国債は売られ、金利は上昇するはずです。政府は新たに国債を発行するためにはより高い金利を投資家に支払う必要が出てくるはずです。そうなるのが自然ですが、実際にはその逆で日本や欧州ではマイナス金利が恒常化しています。特に、日本では、低金利は高齢者の収入減に繋がり、将来への不安から貯蓄の増加と消費の減少につながっている可能性もあります。

１９９０年代に起きた日本のバブル崩壊もまさかあんなに酷いことになると予想した人はいませんでした。新型コロナウイルス感染拡大の一大事に金融政策・財政政策を総動員する以外に打つ手はないだろうと言うのもその通りですが、公的機関が大量に流動性を供給し、マーケットを支えていることを忘れてはいけません。大きなしっぺ返しがこないことを祈りますが、歯車が狂いだすと一気に動きだすものです。２０２１年に入り、アメリカではワクチン接種が進み、大型の景気対策期待から米国債の金利が上昇し始めたことは気になる動きです。

注目すべきアメリカの経済指標は

アメリカの世界全体のＧＤＰ（国内総生産）に占める割合は約25％と大きなウエイトを占めており、アメリカ経済が先行きどのように推移するかが世界経済全体に大きな影響を与えます。ちなみに、日本の占める割合は約６％です。したがって、先行きの日本経済、日本の株式市場、債券市場動向を予測するためには、日本の経済指標だけを分析するだけでは不十分であり、アメリカの経済指標に注目する必要があるのです。

アメリカの中央銀行であるＦＲＢの使命は、①雇用の最大化（完全雇用）と②物価の安定です。雇用情勢を知るために特に重要な経済指標は、「雇用統計」だと言われています。アメリカのＧＤＰの約７割を個人消費が占めており、その個人消費は雇用情勢に大きく左右されるからです。

雇用統計で発表される様々な指標（失業率、時間当たり賃金など）の中でも、市場関係者が特に注目しているのは「非農業部門雇用者数」の増減です。

物価については、年８回開催されるFOMCのうち半分の４回で示されるFOMC参加メンバーによる経済見通しの際に物価見通しの対象となっている「ＰＣＥデフレータ」という指数がとても重要です。個人の消費支出の変動分のうち、物価変動によるものを除くための指数です。特に、変動の激しい食品とエネルギーを除いた「コアＰＣＥデフレータ」に市場参加者は注目しています。

他にも重要な指標は沢山ありますが、①雇用の最大化と②物価の安定を達成することがＦＲＢの使命だということを理解しておくことはとても重要です。

第4章

世界と日本のオポチュニティを認識するには

―グローバルリーダーが知っておきたい世界と日本の変化

世界はどのように変わってきたのでしょうか？　個人も企業も生き残るには変化に対応する力が重要であることは今も昔も変わりません。グローバルリーダーにとって、その変化を感じとり、課題を発見し、オポチュニティを認識することがとても大切です。

第4章では、過去に世の中を動かした出来事をとりあげながら、グローバルリーダーが知っておきたい世界と日本の変化について考えます。

1　バブルの崩壊と大きく変わった企業経営

世界の時価総額ランキングトップ5を日本企業が占めた1989年（平成元年）

1989年の世界の時価総額ランキングトップ5は、1位 NTT、2位 日本興業銀行、3位 住友銀行、4位 富士銀行、5位 第一勧業銀行と日本企業が独占していました。6位 IBM、7位 三菱銀行、8位 エクソン、9位 東京電力、10位 ロイヤルダッチ・シェルと続きます。当時の日本の1人あたりGDPは88年に世界第2位、89年に世界第4位とトップクラスでした。

現在の世界の時価総額ランキングのトップ10には日本企業は入っていません。日本の1人あたりGDPも世界第20位台半ばと低迷しています。

時価総額がすべてではありませんが、日本企業の稼ぐ力が衰えてきたことは事実として受け入れないといけない問題です。

バブルの崩壊

１９８９年12月に日経平均が３８９１５円という史上最高値を記録したことにより、世界の時価総額ランキングの上位に日本企業が顔を出していたのです。当時の日本経済については「輸出依存型経済から内需主導型経済への転換が進んだ」という説明をする専門家が多く、市場関係者も日本経済の先行きにますます強気になり、日経平均は５万円、いやもっと上値を試すかもしれないと言う人も出てきました。

この好景気をつくり出すきっかけになったのが85年９月に行われた５か国蔵相会議(プラザ合意)だと言われています。合意後、一挙に円高ドル安が進み、日本の輸出産業は大打撃を受け、日本は不況に陥りました。

日本銀行はこの不況に対応すべく、86年１月から金融緩和を実施し、87年には公定歩合を２・５％まで引き下げました。問題は、株式市場・不動産市況が上値を試す中、円高不況からの景気回復ということもあり、インフレ率が低位安定していたことから、低金利政策を維持し、金融引締が89年５月（公定歩合の２・５％から３・２５％への引き上げ）まで行われなかったことです。日本銀行による利上げのタイミングが遅れたことが、企業による低金利の借入を可能にし、不動産バブルの原因になったと言われています。

89年５月に利上げが実施された後は、90年８月までに公定歩合は６・０％まで急激に引き上げられました。そして、日本銀行による金融引締が行われる中、90年３月の「不動産融資総量規制」という大蔵省からの通達が、バブル崩壊のきっかけになったと言われています。

不動産向け融資の伸び率を総貸出の伸び率以下に抑えるという、いわゆる「総量規制」です。企業にとっては、金利上昇で借入れコストが上昇すると共に借りられる量が制限されたのです。

最初に値を下げたのは株価でした。90年10月には20000円を割れるところまで売られたのです。大暴落です。止めを刺したのは湾岸戦争でした。原油価格が急騰し、92年にはいよいよ地価が下落を始めました。結果的に資産価格が大幅に下落し、その後の日本経済の長期低迷をもたらす大きな原因となったと言われているのです。

量から質への投資の変化についていけなかった日本

これだけのダメージを負った日本企業の新規投資が慎重になるのは当然です。日本人が物事を悲観的に見る癖はこのときに始まったのかもしれません。

世界的にもこの30年（1990年から2020年）で企業による設備投資が大きく変わったことは注目に値します。従来、企業による設備投資は、大量生産・大量消費を前提とした、企業の生産能力を向上させるために行うもので、新しい機械を導入、工場を建設することが主流でした。それが、ニーズの多様化に対応すべく、その多くが生産性を向上させるための質への投資に変わったのです。

工場建設より、自社に欠けている優れた技術、サービスを持つ企業買収のほうが効率的だと考えるようになったのでしょう。企業は、先行き不透明感が高まる局面では、新しい機械の購入、工場建設のみならず、企業買収も実施せず、現金比率を高めるようになりました。そして効率的な資金の使い道が見つからない場合は、自社株買いで株価を支えます。

年功序列・終身雇用制度に基づく日本の会社組織にはバブルの後遺症に対応するだけで精一杯であり、このような変化への対応が難しかったのではないでしょうか？

2　ブラックマンデー（暗黒の月曜日）

80年代のアメリカの株式市場を押し上げたレバレッジド・バイアウト（LBO）

80年代のアメリカには、物言う株主が登場するようになり、企業経営に影響を与えるようになりました。この時代の大きな特徴は、レバレッジド・バイアウトという買収先企業を担保とした借入れによる企業買収が、アメリカの株価を押し上げる要因の1つだったということです。1980年の12月末には963だったダウ平均株価は、85年の12月末には1546に上昇、その後も上昇を続けました。

レバレッジド・バイアウトとは、買収資金を銀行から借り入れ、その借金を買収される会社（売り手）に最終的に背負わせるスキームです。通常は、買収する会社（買い手）が借金を背負うものですが、このスキームを使えば売り手の会社が借金を背負うことになります。つまり、買い手は自己資金を用意する必要はなく、優良企業を買収することができるのです。買い手は、徹底的な経営改革を通じて、株価をどうやって上げるかに力を注ぎます。買収されそうな会社が買収を防ぐには、同様に経営改革を実施し、株価を上げる必要があり、こうした動きが、80年代の株式市場を押し上げる要因の1つだったと言われています。

87年10月19日　ブラックマンデー

87年10月にはダウ平均株価は2500を超えるところまで買われ、さすがに買われすぎではないかという市場参加者の声も聞こえてくるようになりました。

そして、世界に大きな衝撃が走ったのは、87年10月19日（月曜日）です。ニューヨーク株式市場は売り物が殺到して、総崩れの展開になり、前週末より508安い1738、下げ率は22%、下げ幅は過去最大で、ブラックマンデーと呼ばれるようになりました。資金は一気に国債市場に流れたと言われています。

こんなことがあったにもかかわらず、今もなおアメリカ人が金持ちになるためには株式投資と考えるのは、中央銀行であるFRBがブラックマンデーに素早く対応、市場に流動性を供給し、87年の12月末にはダウ平均株価が、1938まで回復したことが大きく影響しているのではないでしょうか？　状況は大きく異なりますが、2020年の株式相場を支えたのもFRBによる積極的な量的緩和策でした。

3　サブプライム問題

信用格差社会のアメリカ

リーマンショックを理解するためには、サブプライムローンの話をする必要があります。信用格差社会のアメリカでは、プライム、サブプライムという顧客の区分があります。

実際にはもっと細かい区分がありますが、一般的には、プライムとは、長期間にわたる問題のないクレジット・ヒストリー（信用履歴）を持ち、定職についている人たちのことを指し、サブプライムとは、クレジット・ヒストリーに問題があり、職業が安定しない人たちを指します。

ホームエクイティローン

アメリカでは、ホームエクイティローンが日本より一般的に使われています。住宅の市場価値から住宅ローンの未返済残高を差し引いた純資産価値分を担保に銀行が融資を行うローンです。このホームエクイティローンを使ってプライム層が自宅に加えて、もう1軒住宅を買い始めたのが90年代の半ばから２０００年代の半ばのことです。

全米住宅価格指数（S&P/Case-Shiller U.S. National Home Price Index）によれば、２００６年につけた住宅価格のピークは、10年前の96年と比較すると約2・5倍になったのです。

サブプライム層へのローン

住宅価格は引き続き上昇し続けるとの見方から、住宅ローン会社、住宅金融専門会社（お金の貸し手）が、眼をつけたのがサブプライム層でした。サブプライム層にとっては、住宅ローンを組めるなんて、驚きだったはずです。それもローンによっては、最初の数年間は金利を優遇、場合によっては当面の間利息だけ支払えばよいというセールストークにつられ、多くの人が住宅を購入したのです。

住宅ローン会社、住宅金融専門会社は、サブプライム層と銀行の間に入っているだけです。銀行も住宅を担保としており、住宅市場の先行きの見通しも非常に強気だったことから、サブプライム層が資金を返済できなくなったら、抵当で差し押さえ、値上がりした住宅を売却すればよいという考えだったのかもしれません。結局は、サブプライム層がいよいよ返済を滞るようになり、住宅価格が下げ始め、問題が顕在化するようになりました。

4　リーマンショック

90年代半ばからのアメリカの株式市場と住宅市場

95年の12月末には5117だったダウ平均株価は、2000年に向けて大きく買われ、10000乗せを示現しましたが、ITバブルの崩壊で大きく売られ、その後は10000台へ戻したものの大きくは買われずに、横這いで推移するようになりました。

当時米系投資銀行で働いていた私は、金持ちになるためには株式投資と考えていたアメリカ人が、金持ちになるためには、不動産投資だと言い始めたことに違和感を覚えました。日本のバブル崩壊を目の当たりにした私たち日本人にとっては、もしかして、アメリカの不動産市場はバブルなのではないかと思うようになりました。当時そういう話をアメリカ人にすると、「日本人はどうしていつもそんなに悲観的なんだ！　アメリカは日本とは違う。バブルではない」という意見が太宗でした。

そして、株式市場の上値が限られ、金利も下がり始めたことから、世界中の投資家が運用難の状況になっていたことが問題を更に大きくしてしまいました。

マネーゲームに翻弄された時代の終焉

この運用難の時代に、投資銀行は、アメリカの住宅ローン債権を流動化することを目的として、証券化し、金融商品として販売したのです。証券化の詳しい説明はここではしませんが、つくられた証券化商品の多くは、延滞確率の異なる小口のローンがいくつも含まれており、リスクは分散されるとの考え方から、格付け会社から多くの証券化商品が格付けを取得しました。

格付け機関からお墨付きをもらった高利回りの金融商品として、世界中の運用難で苦しむ投資家から人気を集め、結果的にサブプラムのリスクが世界中に広がってしまったのです。

本来借入れのできない人たち向けのローンは最終的に貸し倒れることとなり、結果として、多くの金融商品が暴落し、リーマンショックへとつながったのです。

クレジット・デフォルト・スワップ

そして、更に拍車をかけたのが、クレジット・デフォルト・スワップです。リーマンショックにより、その取引が広く知られるようになったので、危ない商品のように思われているかもしれませんが、本来はリスクヘッジを行う優れた金融商品です。

クレジット・デフォルト・スワップは、その買い手が、保証料（プレミアム）を支払う代わりに、契約の対象となる債権（ローン・金融商品等）が契約期間中に債務不履行（デフォルト）になった場合、それによって生じる損失（元本・利息等）を保証してもらえるデリバティブ取引です。

売り手は、プレミアムを受け取る代わりに、万が一、デフォルトになった場合、買い手に対して損失分を支払うという仕組みになっています。

クレジット・デフォルト・スワップは、契約の対象となる債権を持っていなくても、買い手にも売り手にもなることができます。リーマンショック発生時には、アメリカの不動産は引き続き堅調で、サブプライムローンが大きな問題になることはないという見通しから、売り手に回った市場参加者が莫大な損失を被ることになりました。

一方で、買い手の中には、早くからこのバブルは弾けると予想していた投資家もいました。プレミアムを支払って、サブプライムローンが焦げ付くと保証してもらえる取引などを投機目的で行い、莫大な収益を上げた投資家も一部にはいたのです。

住宅価格の下落

アメリカでは住宅価格が下落し、家を売却しても住宅ローンの完済が難しくなると、毎月の住宅ローンの返済を止める家の持ち主も少なくありません。日本では住宅価格が下落し、家を売却しても住宅ローンが完済できない場合は、家の売却は行わず、毎月の住宅ローンの返済を続ける持ち主が殆どです。何故このような違いがあるのでしょうか？

日本では家を売却した場合、原則住宅ローンの未返済残高の返済義務は残ります。しかしながら、アメリカの住宅ローンは、住宅ローンの返済ができなくなった場合、家を手放してしまえば、原則住宅ローンの未返済残高の返済義務も同時になくなります。

毎月の住宅ローンの返済が滞り、一定の期間がたつと、その家を銀行が抵当で差し押さえます。その持ち主が家から出ていくと、住宅ローンの未返済残高を家の持ち主から回収する代わりに、銀行は家を売却するのです。極端な言い方をすると、持ち主は住宅価格が下がり始めたら、住宅ローンの返済を止めて、銀行が抵当で差し押さえに来るまでは住み続ければよいということです。

サブプライムローンが焦げ付き、住宅価格が下がり始めると、抵当で差し押さえられた住宅は銀行によって売りに出され、住宅の価格がどんどん下がっていったのです。

結局、アメリカでは約６００万人が家を失い、景気が急速に悪化し、約８００万人が職を失ったと言われています。そして、経済危機が全世界に広がっていったのです。リーマンショックを機に多くの人が金融業界から去っていきました。

リーマンブラザースが破綻した日

テレビでリーマンブラザースの社員が段ボールを持って会社を後にするのを見た人も多いのではないでしょうか。２００８年9月15日にリーマンブラザースは破綻しました。負債総額は、約６１３０億ドル（約64兆円）と史上最大の大型倒産でした。危ないとは言われていたものの、まさかあのリーマンブラザースが本当に破綻すると思っていた人はそんなに多くはなかったはずです。

驚いたのはこれだけではありません。当時バンクオブアメリカ証券東京支店の役員だった私は、その日はニューヨークにいましたが、バンクオブアメリカの社長とメリルリンチの社長が現れ、握手をしています。バンクオブアメリカによるメリルリンチの買収が正式に発表されました。

5　グローバリゼーションと分断する世界

恩師との出会い、そして初めて世界を意識する

私が、大学時代に世界を意識するきっかけになったのは、武蔵大学の岡茂男教授との出会いです。

日本の関税政策の権威で、４年間ゼミに所属し、様々なことを学びました。

「開発途上国の経済発展を通じてよりよい世界をつくるには、先進国に生きる私たちが取り組むべきことは何なのか？」をテーマに20名程度の学生が教授を囲んでディスカッションするゼミでの勉強は、誰の意見が正しく、誰の意見が間違っているという正しさを求めるものではありませんでした。色々な意見があって、初めて答えが見つかるということを学び、初めて勉強することが楽しいと思えたものでした。

就職が決まり、岡教授に報告に行ったときには、こんな話をしてくれました。「日本興業銀行で働く人は皆優秀ですが、恐れることはありません。物事の本質を見極めることができれば、どんなに難しい問題でも必ず解決策を見つけることができます。引き出しを増やしなさい。世界には色々な国があって、ある国では正しいことが、別の国では正しくないこともあります。就職する前に海外に行って来なさい。実際に自分で見てみないとわからないことが沢山あります」

多様性が最も重要なキーワード

新しい情報が国境を越えて入って来て、新しい技術がどんどん誕生します。個人も企業も成長を続けるためには、常識とか自国の文化を飛び越えて、チャレンジすることが必要になります。

時には自分とは異なる価値観に戸惑いながらも、多様性を受け入れ、多角的に考察することにより、初めて見えてくるものがあるはずです。多様性が今後の世の中の最も重要なキーワードです。

様々な価値観がどんどん自分の目の前に現れるということを面白いと思うか、拒否反応を示すかは、人それぞれですが、私はグローバリゼーションの進展が、世界中の人々が知恵を共有することにつながり、世界をよりよいところにしてくれると信じています。

自由貿易を推進し、国境のない世界を実現し、発展してきた世界経済

グローバリゼーションとは、経済的には自由貿易を推進し、国境のない（ボーダレスな）世界を実現し、世界経済の健全な発展を目指すことでしょう。グローバリゼーションを推し進めるために都合がよいのは自由貿易であることは明らかです。自由貿易はよいこと（正解）、保護主義は悪いこと（不正解）という考え方が世の中に浸透していますが、少し立ち止まって考えてみる必要があります。世界経済は健全に発展しているのでしょうか？

行き過ぎた自由貿易による弊害も大きく、結果として大きな格差を生んでいるのも事実です。その格差が様々な分野での分断をつくり出しています。効率性を重視し、その国の伝統を放り出してしまって、人々は充実した幸せな人生を送れるのかという問題も無視できません。

最近ではグローバリゼーションの終焉、という言葉も耳にするようになってきました。世界では、ブレグジット、トランプ米大統領の登場で、自国第一主義がブームになり、米中貿易戦争も激化しています。今や人種、宗教、貧富、世代間の分断は世界中で問題になっています。

格差が拡大、反対派も増えてきたものの、それでもグローバリゼーションの動きは止まらない

グローバリゼーションにより大英帝国を築き上げたイギリスが、グローバリゼーションにNOを叩きつけたことは世界中を驚かせました。通貨ユーロに参加しなかったイギリスが、いよいよEUからも離脱するのです。

自国の文化・伝統を再認識するために立ち止まったイギリスでは、効率化の動きが止まり、生産性が低下し、景気が減速するなど、その悪影響を避けることは難しいと私は考えています。最悪なケースでは、非効率化が進み、インフレ率が上昇してしまうリスクもあります。

一方で、これからは金融政策・財政政策も今まで以上に自国の最優先事項に取り組むことが可能になるのも事実です。世界各国がそれぞれの状況に応じて自国の利益を優先することが必要なのかを考えるにあたって、今後のイギリスの動向には注目する必要があると考えています。

イギリス政府が国民投票を実施したのは国民を分断することにつながり、失敗だったという意見もあります。しかしながら、イギリス政府が国民投票を決断せざるを得ないほど、グローバリゼーションで広がった格差、その結果生まれた分断の状況が深刻だったということではないでしょうか？

アメリカでは、２０１６年の大統領選挙で大方の予想を覆し、ドナルド・トランプ氏が勝利しただけではなく、２０２０年の大統領選挙でも50％近くの有権者がトランプ大統領に投票したことには注目する必要があります。

しかしながら、何度考えても、世界中の人がリアルタイムに情報を収集し、情報を発信することができるようになった今、グローバリゼーションの動きを政治的に喰い止めることには無理があると思っています。新しいことに出会うグローバリゼーションは純粋に面白いからです。ワクワクするからです。

新型コロナウイルス感染拡大が沈静化するには、世界中でワクチン接種が進み、その効果が確認されると共に、治療薬が開発される必要があり、時間はかかると思いますが、いずれ収まるでしょう。そうすれば、世界は再び動き始めますが、自由貿易は正解で、自国第一主義、保護主義は不正解、だという価値観に疑問を呈する声が増えてきているという事実を無視しては前に進めない時代がきたとも考えています。

何本もの道をばらばらに歩き出す世界

グローバリゼーションを推し進めて、経済成長を実現し、それにより様々な問題を解決できると考え、世界をリードしてきたのがアメリカです。ヨーロッパもアメリカに対抗すべく統一通貨ユーロを引っ提げて、ＥＵ各国の中での制限を撤廃し、経済的な影響力を取り戻そうという取り組みを行ってきました。

しかしながら、多種多様な価値観、文化の違いを反映し、経済成長1本ではなく、より持続可能な社会をつくっていこうという動きも出てきています。皆で一緒に経済成長という1本の道を歩く世の中から、明らかに何本もの道をばらばらに歩き出すような状況になってきたと私には思えます。各国それぞれ抱えている問題は違いますが、今まさに人類の知恵が問われているのです。

6　富を生み出すのが得意な資本主義、富の分配が得意な社会主義に変化が？

富を生み出すのが難しい時代

資本主義は創造的であり、富を生み出すのに適しており、人々に機会の平等を与えることにより、経済の成長と拡大を実現し、様々な問題を解決していこうと考えるシステムでしょう。日本は、戦後、驚異的な経済成長を実現し、経済大国になりました。経済成長により得た富を公平に分配することにも力を入れることができました。

一方、社会主義は、資本主義の弊害に反対し、より平等で公正な社会を目指す思想、運動、体制です。本来、富の分配をするには適したシステムと言えるでしょう。

しかしながら、社会主義体制は崩壊し、資本主義の日本でも閉塞感が漂うようになりました。グローバリゼーションが進展し、競争が激化、人々のニーズが多様化するのみならず、そのニーズがどんどん変化にしていくことに対応する必要があり、富を生み出すことが難しくなってきています。

経済成長がすべてではありませんが、経済成長を実現することで多くの問題を解決してきたことも事実なのです。

福祉国家化する資本主義と資本主義化する社会主義制度

富を生み出すことが難しくなった資本主義国家は、アメリカでは、リーマンショック、欧州では債務危機などで市場が混乱すると、政府、中央銀行などが積極的に関与するようになりました。危機対応としては仕方がないことだと思いますが、新型コロナウイルス感染拡大で経済成長が止まり、先進国各国は財政支出を拡大させ、その対応に追われています。世界では、ベーシックインカムなどより大きな政府、社会主義的な政策が議論されるようになっています。

一方、伝統的な計画経済が実施されてきた中国では、戦後の経済活動は活力を欠き、効率が低く、国民の生活レベルがなかなか向上しませんでした。そして、1970年代後半に引き続き社会主義の看板を掲げながらも、市場経済化を進めたことにより、今では世界第2位のGDPの経済大国になるまで成長しました。

富を生み出すことが得意だった資本主義が壁にぶつかり、社会主義的な政策を実施することにより、分配する富をつくり出そうと画策し、富を分配することが得意だった社会主義が富を生み出せずに資本主義を導入し、分配する富を手に入れるようになりました。

従来の枠組みでは対応できないことが資本主義、社会主義、それぞれのシステムで起きています。

今後AI（Artificial Intelligence）による更なる技術進歩が世の中を大きく変えていきます。労働生産性を向上させ、世界経済を発展させることは間違いないでしょうが、大きな問題は、それが所得や資産格差を拡大させてしまう可能性が高いということです。

7　公平な日本と平等なアメリカ

人は生まれながらにして自由であり平等って本当？

私が小学4年生の時のことです。「人は生まれながらにして自由であり、かつ尊厳と権利とについて平等である」という言葉を初めて聞きました。

先生に言われるまでそんなことは考えたこともありませんでしたが、逆に、これがきっかけとなり、貧乏な家庭に生まれたり、裕福な家庭に生まれたり、開発途上国に生まれたり、先進国に生まれたり、人は生まれながらに平等ではないと考えるようになりました。

目標は毎日ケーキを食べること？

当時の我が家では、家族がケーキを食べられるのは、家族の誕生日とクリスマスだけでした。ご飯、みそ汁、お新香、焼き魚が定番のメニューで、お肉は贅沢な食べ物でした。3時のおやつはトーストにグラニュー糖。砂糖を入れた麦茶が大好物でした。

近所には、一部上場企業の社宅がありましたが、放課後に遊びに行くとおやつに苺のショートケーキを出してくれることもあり、放課後はランドセルを家の玄関に放り投げて、よく遊びに行ったものです。その社宅に住む友だちは成績優秀で、彼らの家庭が社会の中でどれだけ優位な立場にあるかということを理解することは、子どもにとってもとても難しいことではありませんでした。
「大きくなったら金持ちになって、子どもには毎日ケーキを食べさせてあげよう！」と思ったことをよく覚えています。

飲み会での割り勘は平等、傾斜配分は公平？

平等はとてもシンプルな考え方です。例えば会社で行う宴会での割り勘です。参加者は5人（部長、副部長、課長、係長、新入社員）でかかったお金が18000円とします。部長も新入社員も同額の3600円。同等のサービスの対価を平等に負担します。誰からも文句が出なければ問題はありません。

しかしながら、新入社員は幹事の係長に「何で部長と新入社員の自分が同じ3600円なのですか？」と質問します。係長は「平等にそうしてきたけど、そうだよな、次からは公平に配分しよう」と新入社員に話します。

次回の宴会でもかかったお金は全く同じです。幹事の係長は、部長5600円、副部長4600円、課長3600円、係長2600円、新入社員1600円、にすることにしました。これは社員の給料水準を考えて公平に負担するという考え方です。誰からも文句が出なければ問題はありません。

しかしながら、今度は副部長から「うちは子供が3人いて、教育費の負担も大きいのに、役職に応じて傾斜配分っていうのは平等ではないし、公平でもないよね。公平にできないのなら、平等に割り勘にしようよ」というクレームが入ります。課長に相談に行っても課長自身が同じ３６００円なので「どっちでもいいよ、部長に相談してみれば？」となります。係長にとっては、面倒な話です。

平等を突き詰めると、色々な歪みが生じることがありますが、そうは言っても公平に物事に取り組むことは、簡単なことではありません。

日本は古くから公平を重んじる国、アメリカは平等を重んじる国

各人の理性が求められ、他の人を尊重するという考え方がベースにある日本は、古くから公平を重んじる国です。目上の人を敬い、協調性を求める文化です。

日本の終身雇用制度は、職務能力に応じて公平に賃金が支払われるという考え方に基づいています。この制度は、人々に受け入れられ、高度成長時代に上手く機能し、日本は比較的格差のない社会だと言われてきました。

そんな日本でも、同一労働・同一賃金という取り組みが始まりました。この考え方は、性別、雇用形態、人種、宗教、国籍などに関係なく、同一の仕事に従事する労働者には、平等に、同一水準の賃金が支払われるという取り組みです。

終身雇用制度の下で働いてきた正社員が、正社員と非正規社員で処遇が同じというのは公平では

ないと主張する気持ちもわかります。

一方、アメリカは自由と平等を何よりも大切にし、すべての人に平等にチャンスがあることを重んじる国です。そうは言っても、だれにでも同様の機会が与えられる訳ではないという不満、だれにでも同様の成果が与えられるわけではないという不満が溜まってきています。平等を突き詰めたことにより、様々な歪みが生じ、格差が広がっています。

公平と平等のどちらが大切かということではありません。だれもが平等にチャンスが与えられ、だれもが公平な態度で物事に取り組むことができる世界が理想ですが、世界各国で格差が広がり、不満を感じている人たちが増え、今までの価値観に疑問を呈する声がでてきているのです。

8　少子高齢化による人口激減が日本最大の問題！

日本の最大の危機は、人口が急速に減少すること！

世界と日本はこの30年で大きく変わりましたが、日本が抱える最大の問題は大幅な人口減少を伴う少子高齢化です。需要と供給を考えてみます。人が減れば今までと同じ量のモノ、サービスを提供しても売れません。需要が減少するということです。需要に合わせて供給を減らせば、経済の規模は縮小します。日本にとって危機的な大問題ですが、国民にこの危機感はなかなか伝わりません。

このまま何の対策も打てなければ、２０５３年には総人口は1億人を下回り、２０６５年には約

8800万人、2115年には約5000万人まで人口は減少するというのが国立社会保障・人口問題研究所による予測です。

第二次大戦直後に約7000万人だった人口は約1億3000万人まで爆発的に増加しました。高度成長時代は、衛生状況が改善、医療技術は向上し、日本人の平均寿命は大幅に伸び、生まれる赤ちゃんの数が死亡する高齢者の数を大きく上回る状況となり、人口が大幅に増加しました。この人口増加が、高度成長を支える1つの要因だったことは疑いようがないでしょう。

しかしながら、今や生まれる赤ちゃんの数が死亡する高齢者を大きく下回る時代に突入しています。

ラーメン屋の売上が1300億円から500億円へ！

例えば、ある日のランチに1億3000万人全員がラーメンを食べるとしましょう。餃子をつけて、1000円のランチです。合計1300億円の売上です。それが、2053年には1000億円、2065年には880億円、2115年には500億円にまで売上が減少します。ラーメンの味が落ちるわけではなく、サービスが悪くなるわけでもありません。ただ単に食べる人の数が減るのです。

この差を埋めるために金融政策でできることはありません。財政政策でラーメンを食べてくれる需要を増やすことが必要です。そうは言っても、これだけのペースで減っていく日本人の代わりに外国人にラーメンを食べてもらうことを実現するようなインバウンド政策の実現はそんなに簡単なことではないでしょう。

人の流れを止めれば経済への悪影響は避けられない

実際には、ラーメン屋さんの経営は、景気動向、インフレ率、賃金上昇率など様々なことに影響を受けるので、お世辞にも精緻なシミュレーションとは言えませんが、人口減少が経済を押し下げることはあっても、押し上げることだけはないのです。

２０２０年は、世界的な新型コロナウイルス感染拡大で、日本でも4月に緊急事態宣言が発出されると、繁華街で買い物をする人、食事をする人が大幅に減りました。人の流れを止めたその影響は大きく、突然日本の人口が激減したような状況を人工的につくり出したことで、２０２０年第２四半期のＧＤＰは大幅なマイナス成長となりました。

人口減少を喰い止めることを諦めた日本？

少子高齢化への対応については、この30年間成果を伴う施策は打ち出せていません。最近では外国人労働者の受け入れを積極化しているものの、今後の移民政策が大きく転換するとは思えません。仮にこれからも効果的な少子高齢化政策を打ち出せないとすれば、ますます需要不足の状況になっていくでしょう。

ということは、逆にポジティブに捉えれば、インバウンドビジネスは、今後も引き続き多くのオポチュニティのある成長分野と考えられるのではないでしょうか？　新型コロナの感染拡大で、ホスピタリティ業界は大打撃を受けていますが、四季折々の大自然を楽しめるだけなく、美味しい食べ物が沢山あり、歴史と文化を大切とするこんな素敵な日本のことを外国人が魅力を感じない訳がありません。

繰り返しになりますが、少子高齢化による人口激減が日本最大の問題であり、このまま人口減少が続き、それを穴埋めするための需要を政府がつくり出すことができなければ経済の規模は縮小し、日本は経済的にはどんどん貧しい国になっていきます。経済的に苦しくなれば、結婚する人が減り、少子化はさらに加速してしまうかもしれません。

厚生労働省によると、２０１９年の日本の出生率は1・３６ですが、フランスやスウェーデンでは少子化対策により、出生率を2・００近くまで戻すことに成功しています。フランスでは、子どもを社会で育てるという考え方が広がりを見せています。外国の例を真似しても、当然ながら価値観が異なり、日本で上手くいくかはわかりませんが、成功例を参考にして、日本でも可能な政策を導入していくべきだと思います。

少子高齢化を喰い止めることを諦めるのは簡単ですが、本当にそれでよいのでしょうか？　国立社会保障・人口問題研究所によれば、２０１５年に4人に1人だった老年人口の割合は、２０３６年には3人に1人になります。そのときの日本人が今より充実した生活を送ることは難しいでしょう。

9　雇用の変化―メンバーシップ型雇用からジョブ型雇用へ

職能に基づき処遇するメンバーシップ型雇用と職務に基づき処遇するジョブ型雇用

このような世界と日本の変化が、日本人の働き方にも大きく影響するようになってきました。私は、日米欧の投資銀行で働いてきましたが、日本で主流の「メンバーシップ型」と欧米で主流の「ジョブ型」雇用の人事制度の違いを理解するのはそんなに簡単なことではありません。

典型的な日本企業の人事制度は、年功序列、終身雇用を前提に職務や勤務地を限定せずに働く「メンバーシップ型」雇用です。「メンバーシップ型」は突然の解雇リスクがない分、給与水準は解雇ありの欧米で主流の「ジョブ型」よりも低くなることが多いと言われています。経験を重ねると能力が上がる職務遂行能力によって給与が決まる「職能給」という考え方に基づき、処遇されます。

これに対し「ジョブ型」雇用は、責任や役割といった職務や職種によって給与が決まる「職務給」という考え方に基づき、処遇されます。業績に応じて従業員の賞与に差がつくのがその特徴です。

事前に富の再分配のルールを定めた日本の給与制度

私は、戦後の日本が比較的格差のない社会を築くことができたのは、一部の成功者に富が集中した後に、富の再分配を行うのではなく、会社が得た富を、「メンバーシップ型」の年功序列、終身雇用制度で事前に定めたルールに基づき、従業員に分配してきたからだと考えています。

以前は、余程のことがない限り、同期入社の従業員の年収に大きな差がつくことはありませんでした。年功序列、終身雇用制度は、頑張って稼いだ人に帰属するはずの給与を頑張れなかった人への給与、年上の従業員に対する給与として再分配することが事前に決められている制度です。

今後はジョブ型の雇用が増えていく？

今までの日本の企業では、経験を重ねると能力が上がるという職能給に基づき従業員は処遇されてきました。自分は、自分の能力に基づき、日々労働を提供し、その労働の対価として給与を貰っているという考え方です。

最近では、今後日本企業による雇用が「メンバーシップ型」から責任や役割、そして業績に応じて報酬に差がついていく「ジョブ型」へ急速に移行していくと考える人が増えています。

「ジョブ型」では、社員は自分の職務を全うし、会社に貢献すると、会社が儲かるので、その結果として給与を貰います。結果を残せば、賞与は上がり、逆の場合、賞与は下がります。そんな格差が広がる方向に働き方が変わっていくと考えている人が増えているのです。

今25歳の社会人が40歳（２０３５年頃）になり、マネジメントとしての活躍が期待される頃には、小学生の頃から、プログラミングと英語を学び、個性を大切にし、アクティブ・ラーニングを通じて、自分の意見を論理的に表現する新入社員が入社してきます。「ジョブ型」での働き方に違和感のない社員たちと言い換えてもよいかもしれません。自分たちが若かった頃とはかなり異なる価値観を持った新入社員が入社してくることにより、今とは大きく異なるマネジメントスタイルが求められるのではないでしょうか？

休暇を取得することは重要！

日本人は働きすぎだという話をよく聞きますが、「メンバーシップ型」から「ジョブ型」へ働き方が変わっていくと、休暇に対する考え方も変わるかもしれません。外資系投資銀行では不正防止を目的として、部署によっては、2週間連続休暇を取得することが義務づけられていますが、私はこれに加えて、1週間休暇を取得、家族と過ごすようにしてきました。リフレッシュすることにより、新しいアイデアもでてくるものです。

部下にもそうするように話をしてきました。最初は「本当にそんなに休んでいいのですか？」と聞いてきますが、そのうち、当たり前のように休暇を取得するようになっていきます。さらに、チームで工夫して月1回は休むように話してきました。チームメンバーが全員このくらい休暇を取得しても大丈夫なようにチームを運営することはとても大切です。

チームの誰かが2週間休暇を取得するときは他のメンバーに負荷がかかります。そうすると自然に休暇に入る前に簡単な引継ぎ書をつくるようになります。こういうことを繰り返していると、チーム内でお互いのことがよくわかってきます。結果的には誰かが急に風邪で休んでも、他のメンバーが自然にカバーすることができるようになり、チームの質は上がっていくものです。

日本でも、最近ではワークライフバランスが重要だという話を聞くことが多くなりましたが、とても大切なことです。休暇明けのメンバーの顔つきは一様に生き生きしています。チームのメンバーからは、休暇から戻ってきた社員に対し、休暇中に何があったかフィードバックが自然に行われます。デメリットは殆どありません。仕事だけではなく、家族との時間、趣味に費やす時間、実家に帰って親と過ごす時間などは必要なのです。このバランスが取れているときは、仕事でも成果が上がるものです。

10　目の前のチャンスを逃さない！

世界一の時価総額、世界一の格付け、日本興業銀行

私が社会人になった１９８８年の日本興業銀行の格付けは、Moody's AAA　S&P AAA でした。世界で両社から AAA の格付けを与えられていたのは日本興業銀行だけでした。銀行業界では、日本に世界一の時価総額を誇る銀行があったのです。

内定式に参加すると、内定者たちは自信満々で、大きな声で堂々と話しています。司法試験に合格した学生、外交官試験に合格した学生もいたと記憶しています。

当時の日本企業には稼ぐ力があり、日本興業銀行でも多くの若手行員に海外留学やトレーニーと

して専門性を高めるチャンスが与えられていました。そして、何人もの同期が世界中で学び、自信をつけて日本に戻ってきました。私がロンドンでトレーニーとして研修を受けていたときには、同期がニューヨーク、シカゴ、シンガポールなどにトレーニーとして派遣されていました。

日本企業の人材育成スキルは大きく向上する一方で、当時と比べ稼ぐことが難しくなった今では、競争が激しくなり、チャンスを与えられる機会は減っています。だからこそ、目の前にチャンスが舞い込んできたときに、そのチャンスを逃してはいけません。

携帯電話がなかった時代のアメリカ留学

高校からアメリカに留学した友人がいます。彼が留学したのは、インターネットもスマホもなく、電話は学生寮の廊下に公衆電話があるだけの時代です。

最初は何が何だかさっぱりわからなかったそうですが、大好きな野球で友人に認められ、それからは学校生活が楽しくなり、結局アメリカの大学に進学、卒業後は米系投資銀行に就職しました。

英語が上手くなる環境とは

高校から英語を本格的に勉強するようになって、彼のように流暢な英語を話す人を私は見たことがありません。元々優秀だったことは間違いありませんが、日本語と接する機会がなく、英語を習得する以外に生きていけなかったという環境も大きく影響したはずです。

今ではスマホ１つで日本の家族、友人と話すことが可能で、日本の番組もネット配信で観ることが可能ですが、それが逆に英語の習得の妨げになることもあります。

アメリカ留学には相応の英語力が必要に！

今でも彼のような日本人を受け入れてくれる学校もありますが、そもそも相応の英語力がないと入学許可がおりないことのほうが圧倒的に多くなっています。先日、アメリカの西海岸にある名門校（高校）の入学審査官と話す機会がありましたが、入学してくる留学生（日本の中学３年生）のTOEFL iBT®テストの平均点は１１４点（１２０点満点）だと教えてくれました。アメリカの名門大学に留学するために最低限必要なTOEFL iBT®テストの点数は、１００点と言われているので、それを考えると、高校入学時に１１４点という点数はそんなに簡単にとれるものではありません。

彼は大変な環境の中、必死に努力した結果、素晴らしい人生を送っていますが、今のような競争の激しい時代では、同じようなレベルの高い学校に行くチャンスは与えられなかったかもしれません。

目の前のチャンスを逃さない！

世の中は大きく変わりました。彼も私も今の時代だったら、同様の経験をさせてもらえたかどうかはわかりません。でも、確かに言えることは、２人ともチャンスを与えられたときに逃げずに向き合って取り組んだということです。

そのときにはピンチだと思っても、実はチャンスが巡ってきているのかもしれません。だから、逃げないで勇気を持ってチャレンジすることがとても大切なのです。

メリルリンチの元同僚から教えてもらった話を紹介します。テキサス大学アメフト部のヘッドコーチであるロイヤル氏が、夏休みに帰省中の選手たちに送った有名な手紙の話です。

「打ち負かされること自体は何も恥じるべきことではない。打ち負かされたまま、立ち上がろうとしないことが恥ずべきことなのである。ここに、人生で数多くの敗北を経験しながらも、その敗北から這い上がる勇気を持ち続けた偉大な男の歴史を紹介する」

ロイヤル氏は、何度も落選しながらも、そのたびに立ち上がり、1860年に米国大統領に選出されたアブラハム・リンカーン氏の話をし、手紙は次のように続きます。

「3軍でシーズンを迎え、6軍に落ちることがあるかもしれない。1軍から4軍に降格するかもしれない。常に自問自答すべきことは、打ちのめされた後、自分は何をしようとしているのか、ということである。不平を言って自分を情けなく思うだけか、それとも闘志を燃やし再び立ち向かっていくのか、ということである。今秋、競技場でプレーする諸君の誰もが、必ず1度や2度の屈辱を味わうだろう。今まで打ちのめされたことがない選手など、かつて存在したことはない。ただし、一流選手はあらゆる努力を払い、速やかに立ち上がろうと努める。並の選手は立ち上がるのが少し遅い。そして敗者はいつまでもグラウンドに横たわったままである」

第5章

次世代のグローバルリーダーを育てる教育とは

――枠組みを超える発想をどのように育てるか？

第5章では、次世代のグローバルリーダーを育てる教育とはどんなものなのかを考えてみます。

国際連合広報センターによれば、世界の人口は約77億人（2019年）から2030年には85億人へ、さらに2050年には約97億人、2100年には109億人へと増えることが予測されています。

一方、日本の人口は、2050年には約1億人、2100年には約6000万人に減少していくというのが国立社会保障・人口問題研究所による予測です。どうやら日本語を話す人の数を増やすのはかなり難しそうです。

アメリカの人口は現在約3億3000万人ですが、世界では、約15億人が英語を話すと言われています。世界の5人に1人程度は英語を話すということです。グローバリゼーションがこれからも進展していく中、これからの日本を支えていくグローバルリーダーたちは、英語を言語として学ぶのみならず、英語で様々なことを学ぶことが必要になるでしょう。それを叶える方法の1つが、インターナショナルスクールでの学び、アメリカのボーディングスクールや大学への留学でしょう。

中国の人口は、約14億人ですから、中国語も学ぶべき言語かもしれません。アメリカのボーディングスクール、大学では殆どの学校で中国語を学ぶことができますし、学内に中国人が沢山いますので、留学中は中国語の勉強をする絶好のチャンスです。

アメリカの大学数は世界一で、また200以上の国々からの留学生を受け入れる留学大国でもあります。学生たちは、勉強のみならず、世界各国からの留学生と知り合うことにより、生涯続くネットワークを構築することができます。そのアメリカの高等教育を目指す日本人にとって、日本にあるインターナショナルスクール、アメリカのボーディングスクールでの初等、中等教育で行っている全人格を育てる教育はとても魅力的です。まさに「新しい時代を生きていく力」を養ってくれる教育であり、そしてその使命は、「世界を舞台に活躍するエリート、リーダー」を育成することです。

これからは、外国人と一緒に学んだり、働いたりする機会が増えていくでしょう。自分の子どもにはどこかのタイミングで留学させたいと考える保護者も増えてきました。グローバリゼーションが進展する中、枠組みを超える発想を育てるために世界でどのような教育を行っているのか、そして、どのような教育の選択肢があるのかを知ることはとても重要です。

1　与えられた問題の正解を導き出す枠にはまった教育の限界

ゆとり教育から脱ゆとり教育へ。それでも読解力は過去最低の結果に

経済協力開発機構（OECD）の生徒の学習到達度調査（PISA）は、義務教育修了段階の15歳児を対象に、２０００年から3年ごとに、読解力、数学的リテラシー、科学的リテラシーの3分野で実施されています。

実施年によって、中心分野を設定して重点的に調査することになっていますが、２０１８年調査では読解力を重点的に調べ、日本では全国の高校など約１８０校の1年生約６１００人が参加しま

した。前回２０１５年調査からコンピュータ使用型調査に移行しています。日本では、高校1年相当学年が対象です。

日本は、科学的リテラシーは5位（前回2位）、数学的リテラシーは6位（同5位）となり、引き続きトップレベルの水準を維持しています。一方で、読解力は前回の15年調査の8位から過去最低の15位に後退しました。

この調査は、あくまでも1つの目安です。引き続き日本の生徒の基礎学力は高く、日本の義務教育を受けた生徒の学力が落ちていると大騒ぎするのは間違っています。しかしながら、日本の教育改革に携わる人たちにとっては、これからの日本の教育に何が必要かを考える上で無視できない調査結果となっているのも事実です。

そもそも「正解を導くこと」に主眼を置き、ワークシートによる計算問題の反復、知識の詰め込みが中心の日本の教育に対し、「詰め込みすぎている」「ゆとりがない」という批判が１９８０、９０年代に高まり、そうした意見を受けて文部科学省が授業内容の削減などを実施し、個性重視の考えのもと実施されたのが、いわゆる「ゆとり教育」です。

しかしながら、２００３年のPISAで日本の順位が大きく下がったことが問題となり、文部科学省は「脱ゆとり教育」の路線を本格化してきました。

詰め込む量を減らしたゆとり教育は、失敗だったのでしょうか？　脱ゆとり教育により、詰め込む量を増やすことがこれからの子どもたちに本当に必要な教育なのでしょうか？

ワークシートで１００点を取る訓練を受けている日本人

日本の塾では文部科学省の指定する学習指導要領を超えて、どんどん学習を進めていきます。日本の入試制度がテストを重視する以上当然のことです。生徒は、強制的にやらされているわけではなく、やればやるほどステップアップしていくため、自信がつき、勉強することが習慣になっていくそうですが、「正解を導くこと」に主眼を置き、ワークシートによる計算問題の反復、知識の詰め込みを行っているのが現状です。

塾で難しい問題をどんどん解いていくことが学校の授業の予習になり、テストでもよい点を取ることができます。科学的リテラシー並びに数学的リテラシーで好成績を収めているのはこのやり方の効果が出ているのでしょう。

自分の頭で考える思考力、そしてそれを自分の言葉で伝える表現力

しかしながら、これまでのPISAの結果を見ると、ゆとり教育によって詰め込む量を減らしても、脱ゆとり教育で詰め込む量を増やしても、自分の頭で考える思考力、そしてそれを自分の言葉で伝える表現力を養うことは難しいということがはっきりしてきているようです。

読解力では、日本の生徒はテキストから情報を探し出す問題、テキストの質と信ぴょう性を評価する問題の正答率が比較的低いという結果が出ています。また、読解力の自由記述形式の問題において、自分の考えを他者に伝わるように根拠を示して説明することも苦手です。

私たちが考えないといけないのは、「なぜ、どうして?」と疑問を持ち、自分の頭で考え、それを論理的に説明する力が弱いという結果をどう受け止めるかでしょう。読解力を試す問題でも4択問題で正解を選ぶという教育を続けている限り、この問題を解決することは難しいでしょう。

2 正解のない問題を考えるアメリカの教育 ——君はどう思うかという問いに答える力

クイズ番組が大好きな日本人

誰が一番正解するかで争うクイズ番組は日本ではいつの時代も大人気です。また、政治経済、時事問題について、わかりやすく説明してくれる番組も大人気です。私は、こんなに幅広く、様々なテーマについて調査し、テレビ番組でわかりやすく説明できるのは凄いと思いながら観ていますが、同時に、その説明に疑問を持つ日本人が少ないとすれば少し心配です。何故なら、正解のない問題のほうが実際の社会では多く、そんなに簡単に説明できる問題ばかりではないからです。

正しさばかりを主張していても答えにたどり着かないこともよくあります。学生時代に、授業で自由に発言し、周りの人と議論することで、探究心が高まり、色々な考え方があることに気づき、自分の頭で考える力がついていくはずです。新学習指導要領では、アクティブ・ラーニングを取り入れていく方針を掲げていますが、先生にかかる負担は少なくないので、どうやって実施していくのかが大きな課題でしょう。

個性を重視する

９月入学のアメリカでは、６、７、８月生まれの子（日本の早生まれ）が、入学を１年遅らせることは特別なことではありません。１年待って、その学年の年長者として、リーダーシップを発揮させたいと思う保護者がいるからです。成績が優秀であれば飛び級することもありますが、逆の場合、わからないまま進級しても仕方ないという考え方から、留年することも珍しいことではありません。

保護者が一番気にすることは、自分の子どもの能力に合った教育を与え、個性を伸ばすということでしょう。得意なことを伸ばすことに力を入れているからこそ、先生の教え方は、自然と褒めることが中心になっています。皆と一緒という日本の価値観とは正反対の価値観です。

当然ながら、「君はどう思うか？」（What do you think?）という問いかけについて、先生は同じ回答を期待はしていません。生徒同士の議論が終わらないまま授業が終わることもあるでしょう。日本人の生徒は授業が終わった後に「先生、結局今の問題の正解は何ですか？」と質問に行くかもしれませんが、先生からこんな答えが返ってきても不思議ではありません。「君はどう思う？」

基礎的なことを暗記し、繰り返し問題を解くことで学んでいくのが日本の教育ですが、子どもの頃から「君はどう思う？」と問いかけられ、「私はこう思う」「どうしてそう思うかその理由を３つあげます」と自分の考えを述べることを求められるのがアメリカの教育なのです。

3　アメリカの高等教育への留学

2人の日本人、同志社の新島襄氏、津田塾の津田梅子氏

日本は開国に踏み切った後、数多くの日本人を海外に派遣しましたが、アメリカ留学の歴史を語るときに忘れてはならない2人の日本人がいます。

まずは、同志社大学の前身となる同志社英学校を創立した新島襄氏です。新島氏は、徳川幕府による海外留学禁止令を犯して渡米し、フィリップス・アカデミー（マサチューセッツ州にある名門ボーディングスクール）に入学、1867年に卒業後は、リトル・アイヴィー（The Little Ivies）と呼ばれるリベラル・アーツ・カレッジの名門アマースト大学に進学、1870年に日本人初の学士の学位取得をした人です。

アマースト大学を訪問したときに、構内にあるチャペルに新島襄氏の肖像画と「友愛の光のやどり海こえて」という俳句が飾ってあるのを見つけたときにはとても感動しました。新島氏は、アマースト大学では、後に札幌農学校（現北海道大学）教頭となるウィリアム・スミス・クラーク氏と出会いましたが、この縁でクラーク氏は来日することになったそうです。

もう1人は、1871年に「岩倉使節団」に随行した日本最初の女子留学生5人のうち最年少だった津田梅子氏です。何と6歳のときのことです。津田氏は1882年に一度帰国しますが、

１８８９年に再び渡米、フィラデルフィア郊外のリベラル・アーツ・カレッジ、セブン・シスターズ（The Seven Sisters）の１つであるブリンマー大学で生物学を専攻し、卒業しました。帰国後、１９００年に津田氏は念願だった津田塾大学の前身の「女子英学塾」を創設します。

新島氏は岩倉使節団に通訳として随行しています。ニューヨークからヨーロッパへ渡り、フランス、スイス、ドイツなどを訪ねていますが、このときに新島氏が書いた報告書が明治政府の教育制度に大きく影響を与えたと言われています。

日本は開国するや否や、世界から学ぶために使節団を欧米諸国に派遣したのです。このことが、その後の日本の発展に大きな影響を与えたことは間違いありません。

第二次世界大戦後のフルブライト交流計画、ＡＦＳによる交換留学プログラム

アメリカの上院議員だったフルブライト氏は、戦後の混乱からの復興には、これからの世界を担う若者の教育が重要であると考えた素晴らしい政治家です。そして国際社会の平和を構築するためには、異文化による交流こそが何よりも大切であるという考えから１９５２年に立ち上げたのがフルブライト交流計画です。今でも世界で大規模に行われているプログラムです。この２年後の１９５４年に始まったのがAFS(American Field Service) による高校生の交換留学プログラムです。留学した高校生は、一般家庭にホームステイしながら地元の高校に通うプログラムです。

アメリカが教育大国であり、留学大国である由縁は、安定した平和な国際社会をつくるためには、

〔図表２　アメリカの高等教育で学ぶ留学生の変遷〕

留学時期	全学生	留学生	留学生比率	日本人留学生	留学生に占める日本人比率
1954-55	2,447,000	34,232	1.4%	1,572	4.6%
1964-65	5,280,000	82,045	1.6%	3,386	4.1%
1974-75	10,224,000	154,580	1.5%	5,930	3.8%
1984-85	12,242,000	342,113	2.8%	13,160	3.8%
1994-95	14,279,000	452,653	3.2%	45,276	10.0%
1999-00	14,791,000	514,723	3.5%	46,872	9.1%
2004-05	17,272,000	565,039	3.3%	42,315	7.5%
2009-10	20,428,000	690,923	3.4%	24,842	3.6%
2014-15	20,300,000	974,926	4.8%	19,064	2.0%
2019-20	19,920,000	1,075,496	5.4%	17,554	1.6%

出所　国際教育研究所（IIE）および米国国務省

人と人との交流が最も効果的であるという確固たる信念のもと、教育こそが大切であり、国家を上げて留学生を増やすプロジェクトに取り組んだことが大きく影響しています。

アメリカの大学で学ぶ留学生

アメリカの大学で学ぶ学生たちは、勉強のみならず、世界各国からの学生と知り合うことにより、生涯続くネットワークを構築することができます。

国際教育研究所および米国国務省によると、アメリカの高等教育機関で学ぶ留学生数は、図表2のとおりです。アメリカの高等教育機関で学ぶ留学生は、２０００年には約50万人でしたが、その後は、中国やインドからの留学生が増えたことを主因に、２０２０年にはその約2倍の１００万人を超えました。アメリカの高等教育人口全体に占める留学生の割合は、5・4％になっています。

２０２０年の国別留学生数は、①中国、②インド、③韓国、④サウジアラビア、⑤カナダ、⑥ベトナム、⑦台湾、⑧日本、⑨ブラジル、⑩メキシコの順となっています。

日本人留学生は、１９９５年には約４万５０００人がアメリカの高等教育機関で学び、留学生に占める割合は10％を占め、国別では第1位でした。しかしながら、95年以降は伸びが鈍化、２０００年に約４万７０００人いた日本人留学生は、２０２０年には約1万８０００人に減少し、留学生に占める割合は1・6％に低下、国別では第8位になっています。

注目すべきは、２０００年には約6万人だった中国人留学生は、２０２０年には、約37万人に急増していることです。

日本人留学生が大幅に減少している理由は

学校基本調査によれば、日本の18歳人口のピークは、１９６６年の２４９万人。その次のピーク１９９２年の２０５万人で、その後は減少が続き、２０２０年は１１７万人に減少しています。このことから、アメリカへの留学生数が減るのは仕方がないと説明する人もいますが、必ずしもそうとは言い切れないのではないでしょうか？　大学へ進学している学生数を見てみると、１９９２年の54万人に対し、２０２０年には、64万人と10万人も増えているからです。

時代は変わっても、新島氏、津田氏のように、世界各国から優秀な学生が集まるアメリカでの経験を通じて、学ぶことは多いはずです。日本でも1年未満の短期留学についての支援が広がってきたことは素晴らしいことだと思いますが、アメリカの高校、大学を卒業することを目的とする留学に対する支援は限られており、経済的な理由で留学を断念せざるを得ない学生も少なくありません。国を挙げて奨学金制度の拡充などに取り組む必要があるでしょう。

短期留学、社会人留学

アメリカへ留学したい、させたいと思っても、だれもが1年間留学すること、あるいは卒業を目的として留学する機会を与えられるわけではないでしょう。それでも、短期プログラムのサマースクールに参加することもできます。社会人になってからの留学も素晴らしいチャレンジです。海外を経験することで発見することは沢山あり、そこから学ぶことが一生の宝物となるはずです。

留学できない理由を見つけるのではなく、どうやったら留学できるかを考えるだけでも、何かが変わるかもしれません。

大学の学部課程

アメリカの大学は、①大学院を持つ大規模な研究型の大学、総合大学（Research University）、②リベラル・アーツ・カレッジ（Liberal Arts College）、③2年制のコミュニティー・カレッジ（Community College）に大別されます。リベラル・アーツ・カレッジについては、「4　リベラル・

アーツ教育」で詳しく説明しますが、日本人によく知られているのは、アイビーリーグです。

アイビーリーグは、アメリカ東海岸にある８つの私立大学の総称で、アメリカの政財界・学界・法曹界をリードする卒業生を数多く輩出しています。構成大学は、ブラウン大学（ロードアイランド州）、コロンビア大学（ニューヨーク州）、コーネル大学（ニューヨーク州）、ダートマス大学（ニューハンプシャー州）、ハーバード大学（マサチューセッツ州）、ペンシルベニア大学（ペンシルベニア州）、プリンストン大学（ニュージャージー州）、イエール大学（コネチカット州）の８校です。

アメリカのアイビーリーグの卒業生

米系投資銀行で働いていたときの米国5年債のトレーダーはハーバード大学、米国10年債のトレーダーはプリンストン大学、米国債セールスのグローバルヘッドはブラウン大学卒でした。新卒で入社してくる多くの学生もアイビーリーガーです。

本人たちから自分がアイビーリーガーだという話は聞いたことはありませんし、偉そうに上から目線で何かを言う人も殆どいないというのが私の印象ですが、彼らの自己肯定感は飛び抜けて高く、自信に満ちあふれています。

大学教育の中心を形成しているアーツアンドサイエンス学部（College of Arts and Science）

アメリカで最初にできた大学は、ジョン・ハーバード氏により、１６３６年にリベラル・アーツ・

カレッジとして創立されたハーバード大学です。

アメリカが独立、建国される100年以上も前の話です。アメリカでは、ハーバード大学を筆頭に大学院を持つ大規模な研究型の大学、総合大学においても、引き続き、リーダー育成のための全人教育を行うリベラル・アーツ教育がその教育の中心です。大学によって学部の呼び方には違いがありますが、アーツアンドサイエンス学部という呼び方をする大学が多いようです。

専門的なことは大学院で学ぶアメリカの高等教育

アメリカの大学の学部課程では、学生は一般教養科目、専攻科目、選択科目を学びます。専攻により様々ですが、一般的には1、2年次で一般教養科目を中心に学び、3、4年次には専攻科目を中心に学びます。

アメリカの大学の大きな特徴の1つは、主専攻（メジャー、コンセントレーション）と副専攻（マイナー）を同時に選択できることで、主専攻1つの学生、主専攻1つで副専攻1つ、主専攻1つで副専攻2つ、の学生など様々です。中には主専攻2つという学生もいます。

日本では、多くの大学生は、主専攻を1つ選択し、4年間かけて専門的に学んでいきます。

その一方で、アメリカでは、数学が主専攻の学生が経済学の勉強も楽しいことに気づき、経済学を副専攻に、政治学が主専攻の学生がダンスを副専攻にするなど、個人がやりたいことにチャレンジできる仕組みになっています。学生は卒業に必要な一般教養科目、専攻科目、選択科目の単位数を考えながら、勉強に取り組みます。

学部で学んだ主専攻をさらに追究するためには学術系大学院に進みます。また、弁護士、医者、企業のマネジメントなどを目指す専門職大学院として、法科大学院（Law School)、医科大学院（Medical School)、経営大学院（ＭＢＡ）がありますが、まずは、4年制の学部課程（Undergraduate School）で学ぶ必要があります。

なお、医科大学院に進学するためには、定められた必修科目を学部にて履修する必要があり、学部課程で学ぶ内容は他の専攻と比べ、より専門的なものになります。

大学編入制度（トランスファー）

日本では大学編入は一般的ではありませんし、編入する場合は1年生からやり直す必要がある大学が殆どだと思いますが、アメリカでは、既に取得した大学の単位（クレジット）を希望する大学の単位に移行して編入することは特別なことではなく、当たり前のように行われています。

日本の大学で取得した単位が何単位認められるかは留学先の大学の判断によります。日本の大学の授業内容が留学先の水準を満たしているかを証明する必要があり、現実的には非常に難しいものの、入学審査官が認めてくれれば、アメリカの大学の単位に移行することが可能です。

大学生になってから新しい分野に触れた結果、学びたいことが在学中に変わることは当然のことです。日本でも、他大学の途中年次に編入学できるように制度が変わって欲しいと思っています。

2年制のコミュニティー・カレッジから4年生の総合大学へ編入

コミュニティー・カレッジの多くは、州政府からの資金援助で運営されています。その教育内容は、職業訓練プログラム、生涯教育プログラム、そして4年制大学への進学を目指す編入プログラム、に分かれます。

2年制のコミュニティ・カレッジの編入プログラムに参加し、その単位を持って総合大学に編入するということは、アメリカでは一般的に行われています。

例えば、カリフォルニア州には、州全土に10校の州立大学（バークレー校、デイビス校、サンディエゴ校、サンフランシスコ校、サンタ・クルーズ校、サンタ・バーバラ校、ロサンゼルス校、アーバイン校、リバーサイド校、マーセド校）がありますが、多くの学生が2年制のコミュニティ・カレッジの編入プログラムに参加し、その単位を持って、10校の州立大学の1つに編入しています。

日本からの留学生も特に英語力が不足している場合には、コミュニティー・カレッジの編入プログラムに参加し、優秀な成績を収め、4年制大学の3年次に編入し、残り2年間で学士号を取得する学生も少なくありません。

学生寮での生活

日本の大学と大きく異なるのが学生寮の存在です。アメリカの大学院を持つ大規模な研究型の大学、総合大学、そしてリベラル・アーツ・カレッジには学生寮があります。学生は、大学の近くに友人とアパートを借りる場合もありますが、寮生活を送るのが基本です。高校を卒業し、初めての１人暮らしが始まります。

学生寮には、食堂、洗濯機・乾燥機（コインランドリー）、ピアノの練習をする部屋、図書室、ミーティングルーム、メールルーム、などが揃っており、勉強が大変なときには学生は寮からでないこともあります。学内にはジムもあり、ストレス発散には最高です。

アメリカでは8月に入ると学生寮に入寮する学生向けのセール（Back to School Sale）が始まります。寮の部屋には、ベッド、机、クローゼット以外には何もないことが多く、このセールでアメリカ人も留学生もシーツ、枕、毛布、デスクランプ、ハンガーなど必要なものを買い揃えます。入寮日には、自分で運転する学生、親の運転で学校に到着する学生と様々ですが、大渋滞することもあります。そして、授業登録を確認、教科書を買って、あっという間に前期の授業が始まります。

部屋は様々ですが、リベラル・アーツ・カレッジの場合は、２人部屋、３人部屋から始まり、２年目以降は１人部屋、２人部屋などを選べるようになっている場合が多いようです。総合大学の場合は、学生数が多く、下級生のときには選択肢は少なく、また、上級生になると近くにアパートを借りる学生も少なくないようです。

親元を離れて学生寮で生活するようになると、自由が与えられる一方、自分ですべてを管理しないといけません。この学生寮を通じての経験は、アカデミックなことを学ぶことと同じくらい学生たちにとって貴重な経験になることは間違いありません。

なお、コミュニティー・カレッジは、その地域に住む人たち向けにつくられた学校なので、学生寮がない学校が多いということには注意が必要です。

サマースクール

アメリカの大学生は、毎年、夏休み前には学生寮から退去しないといけません。夏休みには多くの大学でサマースクールを開催するからです。

世界各国から学生が集まるサマースクールでは、勉強、スポーツ、その他の交流で様々な発見があり、中学生になると参加できるプログラムが増えるので、留学を検討している人にはおすすめです。仮に留学を検討していなくても、サマースクールでの体験はとても有益なことだと思います。

4 リベラル・アーツ教育

自由民として教養を高めるために始めたリベラル・アーツ教育

最近日本でもリベラル・アーツという言葉を聞くようなりましたが、アメリカの教育の基本は、リベラル・アーツ教育です。

そもそもは、自由民と非自由民（奴隷）に分けられていた古代ギリシャで「自由民として教養を高めるための教育」のことをリベラル・アーツ教育と呼んだと言われています。

リベラル・アーツは、言葉を正しく使い、相手に伝えることを学ぶ「文法学」、弁論・演説の技術を学ぶ「修辞学」、論理を成り立たせる論証の構成やその体系を学ぶ「論理学」、数の概念や数の演算を扱い、その性質や計算規則、あるいは計算法などの論理的手続を明らかにする「算術」、図形や空間の性質について研究する「幾何」、天体や天文現象など、地球外で生起する自然現象の観測、法則の発見などを行う「天文学」、そして「音楽」の7つの分野から成ります。

約600校のリベラル・アーツ・カレッジが、アメリカの大学教育の中心を形成

総合大学においても、リベラル・アーツ教育がその教育の中心ですが、日本人にはあまり知られていないアイビーリーグに匹敵するような名門リベラル・アーツ・カレッジがあります。その隠れた名門校のことをヒドゥン・アイビー（The Hidden Ivies）と呼んでいます。

殆どのリベラル・アーツ・カレッジには大学院がなく、教授の仕事の中心は学生への指導で、少数精鋭の教育を行っています。主専攻は2年次の終わりまでに決めればよい大学が多く、学生は勉強しながら、自分のやりたいことを見つけます。卒業後は就職するか、若しくは総合大学の大学院で専門的に勉強することになります。

リベラル・アーツ教育は、物事の本質を見極める洞察力を育む教育です。キャンパスは都会から離れた大自然に囲まれた郊外にあることが多く、素晴らしい環境です。多くの学生、教職員が学内で暮らします。世の中がどんどん変わっていくなか、何が正解かわからない時代にこそ必要な教育

だと思います。

リベラル・アーツ・カレッジの卒業生

リベラル・アーツ・カレッジの卒業生の多くがアイビーリーグなど超難関総合大学の大学院に進学します。ハーバード大学、イエール大学の大学院を卒業したという人に、「学部課程は？」と聞くと、リベラル・アーツ・カレッジ出身であることが多いものです。

彼らは、学部課程の勉強を通じて自分のやりたいことをみつけ、その自分のやりたいことを実現するために大学院に進学、必要な勉強に取り組むのです。

グローバル企業に入って働くということは、このような知的好奇心の高い人たちと一緒に働くということです。とても楽しいことです。部下として働くことによって学ぶことは沢山ありますし、このようなグローバル教育を受けた部下を率いるチームのマネージャーの仕事は最高に楽しいものです。

ゴールドマンのデービッド・ソロモン最高経営責任者はリベラル・アーツ・カレッジの卒業生！

ウォールストリート（ニューヨーク金融街）では、東海岸のリベラル・アーツ・カレッジ出身者が沢山働いていますが、その話題の豊富さ、頭の回転の速さには驚きます。特に興味を持ったことに関する探究心が強いというのが共通する特徴です。

その中でも特に有名なのが、ゴールドマン・サックスのデービッド・ソロモン最高経営責任者（ＣＥＯ）です。ソロモン氏は、ニューヨーク州のクリントンという街にあるハミルトン・カレッジで政治学を専攻し、学位を取得しましたが、実はＤＪとしても知られおり、なんとそのステージネームは「DJ D-Sol」、２０１８年には、ファースト・シングル「Don't Stop」をリリースするほどの腕前で、最近では、「Someone like you」が話題になっています。

日本に必要なリベラル・アーツ教育

本来、子どもたちが高校卒業までの初等・中等教育で目標にすべきことは、自分が好きなことを発見し、大人になったらやりたいことは何かをみつけることです。そして何よりも大切なことは、「自分のやりたいことを実現するために必要な勉強」に、大学、若しくは大学院で取り組むことです。

しかしながら、現実的には自分のやりたいことを高校卒業までに見つけるのはそんなに簡単なことではありません。個性を大切にと言われても、自分の才能を伸ばすと言われても、よくわからない学生も少なくないでしょう。そういう学生こそ、将来どんなことにもチャレンジできるように、リベラル・アーツを大学で学び、基礎学力、教養を身に着けておく必要があるのではないでしょうか？

そして、世界で一番使われている英語で学ぶことができたら、人生の選択肢が大幅に広がります。今後の日本では、バイリンガル、マルチリンガルで、日本の商品、サービス、そして文化の素晴らしさを外国人顧客に対してアピールできるアメリカのリベラル・アーツ・カレッジ卒業生のような高度な教養を持つ人材が求められるでしょう。

5　勉強するアメリカの大学生、勉強しない日本の大学生

滅茶苦茶勉強するアメリカの大学生

アメリカの大学生が物凄く勉強するというのは本当です。1日は24時間。8時間の睡眠をとることを前提とすると残りは16時間。食事2時間、クラブ活動などの趣味・娯楽3時間、洗濯など身の回りのこと1時間、授業4時間、読書・勉強6時間という時間配分がアイビーリーグで学ぶ学生の1つの目安だと言われています。

勿論こんなに勉強しなくても要領よくついていける学生もいるのかもしれません。また、意外と自由時間も多いのではないかと思う方もいるかもしれませんが、授業以外に1週間に36時間程度を読書・勉強の時間に割かないと授業についていけません。

学内で働くことを条件に入学許可がおりる学生、生活費のために止むなく学内や近くの町でアルバイトをする学生はいますが、アメリカの大学生は勉強しています。

なお、学生ビザで留学中の学生は学内では働くことはできますが、学外でのアルバイトは原則できません。

アメリカの大学では、ABCDFの13段階評価（AにはA＋、A、A－の3つの評価がある。B、C、Dも同様）と履修した単位のGPA（Grade Point Average）で成績は表示されます。A4・00、B3・00、C2・00、D1・00、F0・00です。オールBの学生のGPAは、3・00ということになります。課題の評価、小テスト、中間テストなど、成績は可視化されていて、期末テストで自分が何点を取ればAの評価がとれるか学生自身が計算することが可能です。

優秀な生徒にとっては、勉強する動機になる一方、授業についていけない学生にとっては、苦痛です。一定の成績を収めないと停学、退学になることも珍しいことではありませんし、学期毎に必要な単位数を取得しないとフルタイムの学生として認定されず、留学生の場合、学生ビザが取り消されることがあるので注意が必要です。

アメリカ企業の採用は、成績重視

アメリカの大学の受験で最も大切だと言われているのが学校の成績です。新型コロナの影響で、共通テストのスコアの提出が免除されることはあっても、学校の成績、先生からの推薦状、エッセイの提出が免除されることはありません。したがって、アメリカの高校生は予習復習を欠かさず、真面目に授業に参加します。

アメリカの大学で学ぶ学生は、留学生を含めアメリカで働きたいと思う学生が多いのは当然ですが、自分の希望する企業へ就職するためには、優秀な成績で卒業することが大前提だと考え、真面目に勉強します。その上で、他の人にはない何か得意なことを持っていることで、初めて自分を差別化することができて、希望する職に就けると考えます。

私が採用活動を通じて強く感じたことは、アメリカの大学で学ぶ学生の勉強に対する態度、取り組む姿勢が、日本の大学で学ぶ学生とは明らかに違うということです。

日本の大学生は毎日どれくらい勉強しているのか？

日本の大学生は授業以外に毎日どれくらい勉強しているのでしょうか？　日本でもアメリカでも必死に勉強している大学生がいるのは間違いありません。

一方、全く勉強しないで要領よく卒業していく大学生もいるでしょう。そういう極端な大学生は除いて、平均的な大学生を考えてみましょう。

大学入学時には同程度の学力だったアメリカの大学生は、授業の課題に取り組むために、情報収集、仮説・検証、分析、判断、決断、という自分の頭を使って考える訓練を徹底的に行います。私が大学生だった頃を思い出してみると、授業以外に勉強するのは、ゼミの予習以外は定期試験の前だけだったと記憶しています。今の日本の大学生は真面目だと聞いていますので、アメリカの大学生の半分くらいは勉強していると信じたいものです。

この結果、知識を増やすことが勉強の中心で、加えて、4年間約半分の時間しか考える訓練を行っていない日本の大学生とアメリカの大学生は比べ物にならないほどの差がついてしまいます。

一流企業へ入るための資格試験になった日本の大学入試

日本企業は、採用に際しては、社員教育を社内で徹底的に行いますので、偏差値の高い大学に合格したという高校時代の取り組みを評価し、大学の4年間については、学業面よりも、コミュニケーションスキル、協調性、そして課外活動で学んだ経験等を重視する傾向にあります。

したがって、日本では名門大学に入学するということが、勉強の最終目的であり、有名企業に入るための1つの「資格」になっています。

これでは、大学生が勉強するインセンティブがありません。受験戦争を勝ち抜いた学生が大学生になると遊ぶようになっても不思議ではありません。保護者も、自分の子どもが名門大学に入学すると、「これでひと安心、有名企業に就職できるだろう！」と考えます。

アメリカも一緒じゃないか？

アメリカでも名門大学に入学するということも、有名企業に入るための「資格」になっているじゃないかと言う人もいると思います。たしかにそうかもしれません。アメリカは日本以上に学歴社会であることは間違いありません。しかしながら、日本とは1つだけ大きな違いがあります。

アメリカでは、名門大学を優秀な成績で「卒業」するということが、有名企業に入るための「資格」です。卒業するのは簡単なことではありませんし、よい成績で卒業するためには相当な勉強量を求められるのです。

日本企業の採用基準を、もう少し①学校の成績、②英語力、など学業を重視する方針に変更すれば大学生はもっと勉強するようになると思っています。

6 「英語を学ぶ」から「英語で学ぶ」へ

「聞く（リスニング）」「話す（スピーキング）」「読む（リーディング）」「書く（ライティング）」という4つの力

アメリカ人は、家庭で自然に英語のリスリングとスピーキングを学びますが、日本人が自然に学ぶのは日本語です。したがって、日本の子どもには、意識して小さい頃から英語に触れ、遊びを通じて話を聞いたり、話したりする環境を与えてあげることが必要になります。

日本の小学校で3年生から、成績はつかない週1コマの英語の活動が始まり、リスニングとスピーキングを中心に学ぶようになりました。5年生からは、成績のつく週2コマの教科としての英語の授業が始まり、段階的にリーディングとライティングを学ぶことになりました。

リーディングとライティングの力をつけるためには、語彙（ボキャブラリー）を増やし、文法（グラマー）を学ぶ必要があります。これはアメリカ人でも自然につく力ではありません。学びが必要です。

小学校の学習指導要領では、卒業までに６００〜７００語を授業で取り扱うと決められていますが、これを暗記することが教科としての英語教育の目的にならないように気をつけるべきです。学んだ語彙を聞いたり、話したりしながら、次第に、読んだり、書いたりすることができるような授業にして欲しいと思っています。

生徒が楽しく学ぶことができれば、これからの日本人は、4技能を小学3年生から学ぶことになるので、リスニングとスピーキングの力が向上し、誰もが日常会話ぐらいなら問題なくできるようになっていくでしょう。15年後にはこういう子どもたちが社会人になるのです。とても楽しみです。

たたき上げの英語とアカデミックを通じて身につけた英語の違い

私は20代の後半になってロンドンに赴任することになり、必死に「英語を」勉強しましたが、はっきり言って、パブで習ったたたき上げの英語です。性格的にそんなことは全く気にせずに、堂々と話していますが、ちょっとしたニュアンスを表現することはやはり難しいものです。そんなつもりはなくても、必要以上に強く言ってしまうことや、逆に遠慮しすぎて、相手に何を言っているか理解してもらえないこともあります。

ロンドンでのトレーニー時代は、仕事の話をしているときには話についていけたものの、突然話題が変わって仕事と関係ない話になると、何の会話をしているのかがわからなくなったものです。

金融で仕事をしてきたので、金融、経済、政治などに関する語彙は増えましたが、やはり、アカデミックに算数、理科、社会、音楽、図工、体育などを「英語で」学んだ経験がないので、語彙が圧倒的に少なく、どうしても、話すときには、綺麗な英語で話すことよりも、自分の考えていることをきちんと伝えることを優先せざるを得ないというのが正直なところです。

英語で働くフランス人

私が働いていたフランスの投資銀行のコーポレート&インベストメントバンキング部門の公用語は英語でした。フランス人が中心のフランスの会社の公用語が英語です。最大のメリットは、世界で一番使われている英語を通じて、フランス人、イタリア人、イギリス人、アメリカ人、日本人、中国人、韓国人、などが日々の仕事を通じて、お互いを理解し合うことができるということです。日本語と英語だけではなく、フランス語、スペイン語、中国語、ロシア語などができると素晴しいのはわかっていますが、大変です。フランスの会社で働いているのだから、全従業員がフランス語を学ぶのではなく、世界で一番使われている言語が英語なので、英語を公用語にすることが効率的であることは明らかです。

「混ぜる教育」を実践する立命館アジア太平洋大学（APU）

元々米系投資銀行で働いていた人が大分の別府市にある立命館アジア太平洋大学で働いているという話を聞き、キャンパスを訪問したことがあります。日本人学生と留学生が半分、男女が半分、という「混ぜる教育」を実践している大学です。

留学生比率が50%という大学はとても珍しく、世界一グローバル化している大学、多様化している大学と言えるかもしれません。多様な価値観が存在するグローバル社会では、対立することもあるものです。だからこそ、その解決策を模索するためには、混ぜることによる学びが大切だということなのでしょう。

立命館アジア太平洋大学の留学生は、卒業後、母国に帰って活躍する学生もいれば、日本に残ってそのキャリアを始める学生もいます。彼らは寮生活を通じて日本人学生から日本語を学びますが、日本語を学ぶことにより、結果としてより多くの日本文化に触れることができるのです。日本人学生は、留学生に囲まれて大学生活を送ります。英語で留学生と様々なことを学ぶと共に、留学生の母国の歴史、文化に触れることになります。

「英語を学ぶ」こと以上に「英語で学ぶ」ことで得られることがいかに大きいかを学生たちは感じていることでしょう。このような大学生活を送ったバイリンガルの学生はこれからの日本企業に必要不可欠な人材です。

どういう学生を育てるか？　どういう教育を行うか？　そして、どういう人材育成を行うか？

例えば、アメリカの大学で行われている東アジア研究の授業では、アメリカ人の視点から見た東アジアに加え、中国人、ベトナム人などアジアの視点から見た東アジア、スペイン人などヨーロッパの視点から見た東アジア、など世界各国から来た留学生の話を聞くことができます。共感できることもあれば、逆に反論したくなることもあるでしょう。

これこそが英語で学ぶ、アメリカへ留学することの最大のメリットです。「日本人の君はどう思う？」という質問に対し、自分の頭で考えて、それを英語で表現することが求められます。日本から外に出て、アメリカで学ぶことで、日本をより強く意識することになります。そして、経済的、政治的、文化的、歴史的な様々な視点から考え、論理的に自分の意見を主張する習慣がついていくのです。

ＡＩに多くの仕事を奪われるという話は大げさすぎると思っていますが、そうは言っても、マニュアルがあって、定型化された仕事は、これからはＡＩを活用していくことになるでしょう。そんな時代に必要な教育は、社会に出てすぐに役立つ知識を詰め込むだけの教育ではないはずです。日本の大学、企業はまさにグローバルな競争社会のど真ん中にいて、今こそどういう学生を育てるか？　どういう教育を行うか？　そして、どういう人材育成を行うか？　というビジョンを描かないといけないときが来ています。

留学生用の学生寮を用意する日本の大学も増えてきたのは素晴らしいことだと思います。立命館アジア太平洋大学が取り組んでいる「混ぜる教育」はこれからの日本の教育を考える上でとても参考になる取り組みだと私は思います。

例えば、日本人学生とアメリカ人留学生が同じ部屋で生活する場合、部屋の明るさで揉めることもあるでしょう。目が黒い日本人にとって丁度よい明るさは、目が青いアメリカ人にとっては眩しすぎるからです。こういうちょっとした問題をその都度解決していくことも大切な学びなのです。

7　インターナショナルスクールという選択肢

グローバル基準の質の高い教育を行っているインターナショナルスクール

これまでの日本の教育は、「学んだことをきちんと理解しているか、知識・技能を習得しているか」を重視してきました。文部科学省が教育改革を通じて実現しようと考えていることは、「知識や技能を習得するだけではなく、生徒がそれをもとに自分で考え、表現し、判断し、実際の社会で役立てる」ことを目的とした教育です。

インターナショナルスクールでは、生徒はすべての科目を英語で勉強しますので、英語力がつくのは当然ですが、そのことばかりが注目されているのが気になります。インターナショナルスクールの素晴らしさは、文部科学省が現在目指しているような、非常に質の高い教育を古くから実践しているということなのです。

インターナショナルスクールの先生たちは、生徒への「君が知っていることを教えて？」「君はどう思う？」という問いかけを大切にしています。そして、生徒には、暗記するだけではなく、自分が知っていること、考えていることを言葉にし、それを表現することを常に求めています。そして、生徒同士の学びが始まり、自分の頭で考える生徒になっていくのです。

国語（日本語）については、学校それぞれで、やり方は異なりますが、生徒の日本語のレベルに応じた授業を行っている学校が多いようです。

得意なことを伸ばす教育を行う先生は褒め上手

私は祖父に褒められたことをきっかけに書道に夢中になりましたが、個性を重視し、得意なことを伸ばすことに力を入れているインターナショナルスクールの先生の凄いところは、褒めることが上手なことです。先生たちが生徒のことを語りだすとその生徒の姿が目の前に浮かぶようにその特徴を表現します。実際には改善すべきところも沢山あるはずですが、他の生徒と比較し褒めるのではなく、例えばその生徒が1か月前にできなかったことが今ではできるようになったと、生徒自身に、保護者に対して話してくれます。

そして、今までは同級生ができるのに自分ができないことで悩んでいた生徒たちが、できないことがあってもいい、そして苦手なことがあっても少しずつできるようになっていけばよいのだと、ポジティブな考え方ができるように変わっていきます。

協調性がないのではなく、自分の個性を大切にしている、集中力が続かないのではなく、色々なことに興味がある、と表現できるようになっていきます。そして得意なことには、より積極的に取り組むようになり、自信がつき、自己肯定感が高まっていくのです。

自己肯定感が高まってくるとプロジェクトリーダーに立候補してみたり、新しいスポーツに取り組んだりするようになっていくものです。

インターナショナルスクールの学年の考え方と入学時期

日本の初等・中等教育は、小学校６年、中学校３年、高校３年と定められています。義務教育は中学３年生までです。アメリカの義務教育期間は、Kindergarten（日本の幼稚園の年長組）からGrade12（日本の高校３年生）までの13年間で、自分の住む地域の公立の学校で学ぶ場合、授業料は無償です。

州によって違いはありますが、一般的には、Kindergarten-Grade5が小学校、Grade6-8が中学校、Grade9-12が高校です。学年について、「Kindergarten-Grade12」という表現を使うインターナショナルスクールが多いのはこのためだと思われます。

そして、インターナショナルスクールは、９月入学のところが殆どです。したがって、９月１日生まれから翌年の８月31日生まれが同じ学年になります。最も注意すべき点は、日本の小学校受験同様、Grade1での入学審査を行うインターナショナルスクールもありますが、多くのインターナショナルスクールでは、Kindergarten（日本の幼稚園の年長組）に入学するための入学審査を実施するということです。

途中からの編入も受け入れていますが、英語の要求水準は学年が上がるにつれ、難しくなることに留意する必要があります。また、編入の場合は合格しても、定員がいっぱいの場合はウエイトリストで空席が出るまで待つ必要がある場合がありますので、インターナショナルスクールへの受験を考えている保護者はKindergartenの受験に向けて準備する必要があります。

インターナショナルスクールに通わせたいのであれば、早めのリサーチを！

最近ではインターナショナルスクールの教育方針に共感する保護者が増え、日本人の入学希望が急増して狭き門になっています。老舗インターナショナルスクールに入学するためには子どもの英語力は必須です。学校によってスクリーニング（選考）の内容は異なりますが、その多くが数名の生徒と先生がアクティビティを行い、生徒の適正を判断しています。また多くの学校が、保護者のうち1人は英語でのコミュニケーションがとれることを出願の条件にしています。これは、入学後の学校生活において学校と保護者のコミュニケーションが必要になってくるからです。

日本人保護者にとっての最大の課題はどうやって子どもの英語力をつけるかでしょう。最近では、子どもが3か月くらいから始める親子プログラムを提供している英語のプリスクールもあります。子どもが18か月位からはその選択肢が増えます。さすがにこの年齢の子供が自分で「英語を学びたい」「英語で学ぶ学校に行きたい」とは主張しないので、このようなプログラムに参加するかどうかは保護者次第になります。

「インターナショナルスクールに子どもを行かせたい」「どこかのタイミングで留学させたいとは思っている」という考えが保護者にあるのであれば、今すぐ検討を開始すべきです。そして英語の勉強を少しでも早く始めることが志望校の選択肢を広げることにつながります。

インターナショナルスクールではどんな教育を行っているのかを説明するために、老舗インターナショナルスクール、学生寮のあるインターナショナルスクール、そして、バイリンガル教育を行うインターナショナルスクールの３校を紹介します。

西町インターナショナルスクール（西町）

老舗インターナショナルスクールの１つで、松方種子先生によって１９４９年に創立された西町の教育方針は、「ともに分かち合い、ともに生き、ともに学びつつ、個人の独自性を育てることが、西町における教育姿勢です」というものです。西町は、Western Association of Schools and Colleges（WASC）並びにCouncil of International School（CIS）という世界的な評価団体から認定されているインターナショナルスクールです。西町のことをバイリンガルスクールだと勘違いしている人がいますが、西町はインターナショナルスクールです。

カリキュラムは米国が基本ですが、英国、カナダ、オーストラリア、ニュージーランドおよび他の国々の進んだカリキュラムを常に取り入れるようにしている生徒数約４６０名の学校です。

西町は、優れたコミュニケーション能力、深い思考力を生徒に求めています。生徒は自主的に学習をすすめ、グループ学習などを通じて協調性の重要さも学びます。勉強量はとても多く、日々の学習では、質の高い成果を求められ、文化を尊重し、思いやりと尊敬の気持ちを持って、責任ある行動をとるグローバルリーダーを目指します。

その進学先を見ると、小・中学校の基礎教育がいかに充実しているかがわかります。ホームページによると、西町は高校設立の準備を進めているようですが、現在（２０２１年３月時点）は、９

年生（日本の中学3年生）迄の学校なので、西町の生徒たちは、日本にある他のインターナショナルスクールやアメリカのボーディングスクールなどレベルの高い高校に進学しています。

高校卒業後は、アイビーリーグ各校、ＭＩＴ、シカゴ大学、デューク大学、スタンフォード大学、名門リベラアーツカレッジなど、アメリカの超難関大学に多くが進学しています。また、欧州の大学、日本の名門大学の医学部に進む出身者もいます。

北海道インターナショナルスクール（ＨＩＳ）

北海道インターナショナルスクールは、１９５８年に設立され、３歳児から12年生までが学ぶWestern Association of Schools and Colleges（WASC）という世界的な評価団体から認定された、伝統のあるインターナショナルスクールです。

クラス分けはユニークで、２学年で1クラスになっており、マルチエイジ教育を取り入れています。毎年担任の先生が変わるのではなく、同じ先生が2年間生徒と接するメリットが大きいと考えています。生徒の得手、不得手を把握し、例えば算数が得意だが、英語の読み書きが苦手という生徒に対する指導に効果を発揮し、年齢がすべてではなく、生徒1人ひとりに合わせた教育を提供しています。

テーマ学習を中心としたカリキュラムはとても充実していますが、特に読み書きについて力を入れており、コロンビア大学のリーディング・ライティング・ワークショップの指導法を取り入れています。生徒の読解力を伸ばすために、生徒が自分のレベルにあった本を読む中で、先生と生徒が1対1で対話を繰り返しながら、生徒の読解力を高めていきます。また、生徒が書いた文章を数週間かけて、先生と生徒が1対1で対話を繰り返しながら編集し、生徒が自分らしい文章、かつ質の高い文章をつくり上げることができるように指導しています。

そして、何よりもこの学校の最大の特色は、学生寮（主に高校生）があることです。食堂、リビングスペース、シャワー、トイレ、洗濯機、乾燥機は共用。基本２人部屋。部屋の中には、机２つ、二段ベッド、クローゼット。寮の部屋としては清潔で十分なスペースです。一階にはスキー道具置き場もあり、有料ですが、週に２回ナイトスキーに連れて行ってもらえます。先生も寮の中に住んでいるので安心です。

バイリンガル教育を行うニューインターナショナルスクールオブジャパン（NEW IS）

ニューインターナショナルスクールオブジャパンは、３歳児から12年生までの生徒が約２６０名在籍するCouncil of International School（CIS）という世界的な評価団体から認定されているバイリンガル教育（英語・日本語の二言語併用教育）を行うインターナショナルスクールです。NEW ISの行うバイリンガル教育は、インターナショナルスクールの教育やイマージョン教育とも異なり、とてもユニークな内容です。

生徒の個性を重視し、生徒の発達段階に合わせたアプローチを行うスコットランドのカリキュラムに基づき、授業が行われています。テストで満点をとることを目標にするのではなく、生徒が得意なこと、好きなことを見つけて伸ばすことに力を入れています。

マルチエイジ教育を取り入れることにより、生徒は、学年レベルという従来からの制約に縛られることなく成長できるような指導を行っています。

担任の先生は、日本語がネイティブの先生と英語がネイティブの先生の2人です。1つの教科を日本語で学び、英語でも学びます。人は、幼少時から2つ以上の言語を学習できるため、どちらかの言語に絞る必要がないという考え方です。

高校を卒業する段階で生徒がバイリンガルに成長することを目標にしています。NEW ISでは、保護者は自分の一番得意な言語で子供との日々の生活を送って欲しいと強調しています。仮に子供が英語で何かを聞いてきたとしても、保護者の得意な日本語で答えればよいということです。

日本の大学を受験できるのか？

子どもがインターナショナルスクールに進学した場合、日本の大学の受験資格が得られるかは気になるところです。

２０２１年３月時点では、文部科学省が指定する評価団体であるWestern Association of Schools and Colleges（WASC）The Association of Christian Schools International（ACSI）, Council of International School（CIS）から認定されているインターナショナルスクールの12年間のプログ

ラムを終了した生徒、若しくは国際バカロレア資格、アビトゥア資格、バカロレア資格又はGCE Aレベル（General Certificate of Education Advanced Level）資格を取得した生徒には、日本の大学の受験資格が与えられます。

したがって、日本の大学への進学を選択肢の1つと考えている保護者は、そのインターナショナルスクールが、文部科学省が指定する評価団体から認定されている学校なのか、あるいは文部科学省が指定する各資格を取得できる学校なのかを確認する必要があります。

8　ボーディングスクールへの留学という選択肢

ボーディングスクールとは

ボーディングとは、「寄宿、下宿」を意味する言葉です。アメリカのボーディングスクールには、近隣に住む自宅から通う生徒もいますが、その多くが両親や家族と離れ、9年生（日本の中学3年生）から12年生（高校3年生）までが寮生活をしながら学ぶ学校です。アメリカの上流階級の子弟の多くが親元を離れてボーディングスクールで学ぶ傾向にあると言われています。

世界中のエリート層と一緒に暮らす寮生活で学ぶことは多いものです。友人との生活を通じて自然にコミュニケーション能力を身につけていきます。世界中の様々な価値観を持った友人との関わりから、他者を思いやる気持ちも養われます。

ボーディングスクールでは、生徒は、授業、宿題、読書、食事、洗濯、スポーツ、ボランティア活動などスケージュールはびっしり埋まっていて、とても忙しい毎日を過ごします。日々の学習、生活を通じて、生徒は生きる力を身につけていきます。

家族のように接してくれる多くの先生たちに囲まれる生徒たち

ボーディングスクールの多くは大自然に囲まれた郊外にあります。生徒は殆どの時間を学内で過ごします。多くの先生たちとその家族も学内に住んでいます。

各自が自分の時間割をつくるボーディングスクールには、1年1組のような決まったクラス（教室）はありません。大学生のように、自分が履修する授業を行う教室に生徒が移動します。したがって担任の先生はいませんが、各生徒には学校の教職員の1人がアドバイザー（指導担当）になります。学校により様々ですが、1人のアドバイザーが担当する生徒は5～8人程度です。

生徒とアドバイザーは、少なくとも1週間に一度は会って話をする学校が多いようですが、生徒は何か困ったことがあるといつでもアドバイザーに相談できます。生徒が数学で苦しんでいると、「今日の小テストはどうだった？」、スポーツについては、「昨日の試合で活躍したんだって！」と常に生徒を見守ってくれている頼りになる存在です。

ボーディングスクールでは、秋、冬、春シーズン毎に異なるスポーツに取り組みます。例えば、秋はクロスカントリー、冬はバスケットボール、春はラクロス、という感じです。このコーチにもスポーツのみならず、生活、勉強、進路など様々なことを相談できます。コーチがアドバイザーになることもあります。

学生寮には先生が住んでいますし、学校見学に来る家族に対し、学校案内をするツアーガイドをやれば、アドミッションオフィサー（入学審査官）とも交流を持つことになります。また、多くの学校では、11年生になると大学進学をサポートしてくれるカレッジカウンセラー（大学進学指導）が決まります。これに加えて、自分が履修している授業を教えてくれる先生とも交流を持つことになります。

少なくとも、これだけの教職員たちに囲まれて、生徒たちは日々の生活を送ります。授業だけではなく、日々の生活のサポートもしてもらえる環境は、保護者にとっては安心です。生徒は、渋谷、新宿といった繁華街で友人と遊ぶことはできませんが、多感な時期に、規則正しい生活を行うと共に、夜空を見上げて、星座の話をしたり、夕日の美しさに感動したり、動物の世話をしたり、農作物を育てたり、東海岸ではメープルシロップをつくったり、大自然に囲まれて様々なことを経験するのです。

リーダーシップを発揮できる環境

学生は寝る暇もなく課題に取り組む必要があり、授業では常に自分の意見を求められます。少しでも得意なことは、勉強ではグループ学習のリーダー、スポーツではキャプテンなどを通じてリーダーシップを発揮することを学生に求めます。

学校見学に来る家族に対し、学校案内をするツアーガイドは生徒たちです。ツアーガイドによって学校の印象は大きく変わるものなので、どの学校も優秀な生徒がツアーガイドに選ばれます。寮を運営する寮長も生徒の中から選ばれます。

これらの仕事は、手を上げればやらせてもらえるものではありません。立候補するのが大前提ですが、エッセイを書いたり、面談をしたり、様々なプロセスを経て選ばれた生徒だけができる学内での仕事です。これ以外にも、生徒会に立候補したり、日本人クラブの代表になったり、リーダーシップを発揮できる場所が沢山用意されています。

最初は控えめだった日本人学生も、こういう経験を通じて自信がついてくると、新しいことに自らチャレンジするようになります。こうして、同じ日本人でもアメリカで教育を受けた若者の自己肯定感は飛び抜けて高いものになっていきます。先生、友人に褒められながら学ぶことで、物事を楽観的に捉えるようになり、自分の心の中で感じたことを素直に表現できる学生に育っていくのです。

最高のファシリティ（施設）が提供されるボーディングスクール

大学生のような授業の取り方をするボーディングスクールでは空き時間ができます。空き時間には、図書館で予習をしたり、宿題に取り組んだりします。季節のよい時期には芝生の上で本を読んでいる生徒もいます。美術の授業で作品を制作している場合には、この空き時間に美術室の空いている部屋で作品を制作することができます。

また、同じ9年生でも、例えば数学の授業では、幾何を選択している生徒、微積分を選択している生徒など様々です。得意な科目については、Advanced Placement（AP）クラスという大学の単位として認められる授業を選択することもできます。ボーディングスクールには、大学レベルの授業ができる先生たちが沢山いるということです。

午後3時ごろには授業は終わります。生徒はスポーツに参加することが必須です。水曜日と土曜日には他校との試合です。学校によって様々ですが、強いスポーツは、学内に幾つかのチームがあるものです。

例えば、バスケットボールの強豪校には、バーシティと呼ばれる一軍に加え、ジュニア・バーシティと呼ばれる二軍、初心者でも入れるサードチーム、フォースチームなどが用意されています。高校生とは言っても、バーシティには、自分の国に帰ればナショナルチームのメンバーに選ばれるような選手や、2メートルを超える選手が何人もいます。

生徒は、体育館に行くと練習着が用意されています。練習が終わったら、プロの選手のように籠の中に練習着を放り込めば、翌日の練習までには洗濯してもらえます。トレーナーが怪我をしないようにバスケットボールを行うのに必要な筋力トレーニング、ストレッチのメニューをつくってくれます。

アイスホッケーアリーナ、体育館、サッカー場、フットボール場、野球場、テニスコート、屋内プール、ボート場、そして学校によってはゴルフ場なども整備されていて、初めてボーディングスクールを訪問したときはその施設の充実度に誰もが驚きます。

音楽についてもコンサートホールがいくつもある学校が殆どで、オーケストラのメンバーが個人レッスンを行うことができる部屋も用意されています。

学生が集まる学生ホールには、卓球台、ビリヤード台が定番で、生徒たちが集う憩いの場が用意されています。学内にあるブックストアには、文房具、日用品のほか、学校の名前の入ったマグカップ、トレーナーやスエットパンツなどのグッズが売られています。学内だけで使えるプリペイドカードがあり、保護者にも定期的に明細が送られてくるので安心です。

ボーディングスクールでの学びとは、大学受験のための勉強だけではないのです。生徒がやってみたいと思うことを最高の環境で取り組めるように、教職員は準備を怠ることはありません。やりすぎだと思うほど贅沢なものです。

偏差値のないアメリカ…学校はどう選ぶ？

アメリカの学校選びは、偏差値を調べ、模擬テストなどを通じて、子どもの実力に合った学校選びができる日本とは大きく異なります。アメリカのボーディングスクールには偏差値がありません。

生徒と保護者は、共学、男子校、女子校、そして学校が掲げる教育方針、学校の規模、カリキュラム、スポーツ、クラブ活動の種類、寮生の比率、留学生の比率、合格率、合格者のSSAT（共通テスト）の平均点、卒業後の進学先リストなどから学校選びをすることになります。

学校が大きすぎると競争が激しく、先生、友人との関係が希薄になるのではないか？　逆に、小さすぎると先生の人数も限られるので、やりたいと思っている大学レベルの授業が選択できなかったりすることもあるのではないか？　スポーツ、クラブ活動も限られてしまうのでないか？　など悩むことになります。

合格率については、ほとんどの学校が公表しています。合格者の平均SSATは公表している学校、していない学校様々ですが、あくまでも目安として考えるべきです。学校の教育方針は、ホームページを見る限り、どの学校も素晴らしいので、正直わかりません。卒業生の進学先リストを見ても、甲乙つけがたいでしょう。

アメリカは国内に時差があるほど大きい国なので、東海岸なのか西海岸なのか、どの地域に進学するのかを決めた上で、学校訪問するのが一番です。１日に２校の訪問が限界だと思いますので、１週間の休暇をとって、東京・福岡を往復するぐらい運転する覚悟があれば、少なくとも５校、頑張れば10校を見学することができるでしょう。

訪問すると、学校の違いがよくわかります。そのときに通常は生徒の面接、保護者の面接がありますので、訪問前に学校に関するリサーチなど事前準備が必要です。実際に訪問すると、「この学校だ！」と思える学校が見つかるはずです。

東海岸の Ten Schools Admission Organization

日本では、東海岸の Ten Schools Admission Organization に加盟するボーディングスクールが特に有名で、Ten Schools で子供を学ばせたいと考える保護者は多いでしょう。名前の通り、この10校は入学審査に関し協力関係を築いています。

- ●フィリップス・アカデミー（1778年創設、マサチューセッツ州）
- ●フィリップス・エグゼター・アカデミー（1781年創設、ニューハンプシャー州）
- ●ディアフィールド・アカデミー（1797年創設、マサチューセッツ州）
- ●ザ・ローレンスビル・スクール（1810年創設、ニュージャージー州）
- ●ザ・ヒル・スクール（1851年創設、ペンシルベニア州）
- ●セント・ポールズ・スクール（1856年創設、ニューハンプシャー州）
- ●ザ・ルーミス・チャフィー・スクール（1874年創設、コネチカット州）
- ●チョート・ローズマリー・ホール（1890年創設、コネチカット州）
- ●ザ・タフト・スクール（1890年創設、コネチカット州）
- ●ザ・ホチキス・スクール（1891年創設、コネチカット州）

授業、スポーツの交流を行う Eight Schools Association

また、日本では意外に知られていませんが、実際に授業、スポーツなどで生徒たちの交流が盛んに行われている Eight Schools Association という組織があり、次の学校が加盟しています。

- ●フィリップス・アカデミー・アンドーバー（１７７８年創設、マサチューセッツ州）
- ●フィリップス・エグゼター・アカデミー（１７８１年創設、ニューハンプシャー州）
- ●ディアフィールド・アカデミー（１７９７年創設、マサチューセッツ州）
- ●ザ・ローレンスビル・スクール（１８１０年創設、ニュージャージー州）
- ●セント・ポールズ・スクール（１８５６年創設、ニューハンプシャー州）
- ●ノースフィールド・マウント・ハーモン・スクール（１８７０年創設、マサチューセッツ州）
- ●チョート・ローズマリー・ホール（１８９０年創設、コネチカット州）
- ●ザ・ホチキス・スクール（１８９１年創設、コネチカット州）

ボーディングスクールの入学審査

ボーディングスクールの入学審査は、学校の成績、学校の先生に書いてもらう推薦状、生徒本人が書くエッセイ、保護者が書くエッセイ、SSAT という共通テスト、TOEFL iBT®（留学生）、そして生徒の面接、保護者の面接を行い、合否は総合的に判断されます。

もちろん共通テストや TOEFL iBT® の点数が高ければプラスになることは間違いありませんが、何よりも重視されるのは学校の成績だと言われています。学校の成績は日々の積み重ねです。過去３年分を要求する学校が多く、直近の成績がどうかだけではなく、学年が上がるにつれてどのように成績が推移しているかもチェックしています。

入学時に「高い英語力」が求められる、アメリカのボーディングスクール

ボーディングスクール生の多くは、日本の中学3年生に相当する9th Gradeから始まり、4年間の高校生活を送るのが一般的です。日本からの留学生は、中学2年生の冬に9th Gradeを受験するか、中学3年生の冬に10th Gradeを受験することになります。

ほとんどのボーディングスクールでは、その出願に際し、留学生に対してTOEFL iBT®のスコアの提出を求めており、前述のTen Schoolsなどに属する名門ボーディングスクールが入学時に要求するTOEFL iBT®テストのレベルは100点です。留学生とはいっても、アメリカのトップレベルのボーディングスクールに入学するためには、年齢相応の英語力が求められるのです。日本でトップレベルの高校に入学するには、当然ながら高い日本語力が求められるのと同じです。

入学審査官たちに話を聞くと、「10代の生徒たちに教えることは学業だけではない。人格形成を行う上で英語でのコミュニケーション能力は極めて重要である」という答えが返ってきます。

ジュニアボーディングスクールという選択肢

アメリカには、主に6年生(日本の小学6年生)から9年生(日本の中学3年生)が寮生活をしながら学ぶジュニアボーディングスクール(学校によっては4年生、5年生から受け入れてくれる

ところもあります）があります。学校により様々ですが、ボーディングスクールと比較すると、入学時の年齢が若いため、英語力が不足していても受け入れてくれる学校もあり、日本からもジュニアボーディングスクールへの留学を検討する人が増えています。卒業後に進学するボーディングスクールの受験については、カウンセラーによるサポートがあるので安心です。これらの学校を卒業した留学生の多くが名門ボーディングスクールへ進学しています。

この年齢の子どもを留学させることには不安があるのは当然のことです。何歳から留学するのがよいのかは、子どもの成熟度次第です。

9　日本と欧米の人事制度の違いを知る

制度矛盾を起こしている日本の年功序列制度

私自身、日本の銀行で働いているときに、自分の会社の人事制度について詳しく勉強したことはありませんでしたが、留学生にとっても日本の大学に通う学生にとっても日本と欧米の人事制度の違いを理解しておくことは重要です。

年功序列、終身雇用を前提とした職能給に基づき処遇するのが日本企業の人事制度の特徴です。社会人として経験を積むことにより、毎年その能力が高まっていくという考え方です。高度成長期には、毎年給料が上がっていき、生活レベルが向上しました。

しかしながら、バブル崩壊とともに日本企業は、労働生産性（＝1人当たり収益）を維持する為に、労働コストを削減する必要に迫られ、終身雇用制度を維持すると共に賃下げを行うことになりました。賞与のカットは仕方がないものの、基本給の据え置き、引き下げとは、経験を積んでいるにもかかわらず、その能力が上がっていない、若しくは低下したことを意味し、制度矛盾を起こしていると私は思っています。

欧米企業の人事制度

一方、職務給に基づき処遇するのが欧米企業の人事制度の特徴です。部門ごと、職種ごとに給与は決められます。その金額（基本給）は年齢では変わりませんし、景気の善し悪しでも大きく変動はしません。

企業における労働コストの管理の仕方を知る

企業における労働コストの管理の仕方を考えてみましょう。企業は、景気・業績の変動に伴い、労働コスト（＝賃金×従業員数）を調整します。景気が悪く、企業収益が低迷しているときには、企業は労働コストを削減するのが一般的ですが、その削減の仕方が日本と欧米の企業では異なります。

日本企業は、終身雇用を前提としており、従業員数を削減することができないので、賃金をカットします。一方、欧米企業は、賃金カットを実施するのではなく、従業員数を削減します。

例えば、１０００万円の基本給の従業員が10人いる会社で、労働コストを１０００万円削減したい場合に、10％の基本給のカットを全員に対し実施するのが日本企業、１人解雇するのが欧米企業です。

失業率の変動が小さい日本と大きい欧米

従って、景気の変動、業績の悪化を受けて、日本の失業率が大きく変動することはありませんが、欧米の失業率は大きく変動します。例えば、リーマンショック時の失業率は、日本では大きく上昇することはありませんでしたが、アメリカでは跳ね上がりました。

労働コストのコントロールの仕方について、どちらがよいと言っているわけではありません。賃金と従業員数を両方ともコントロールする会社も実際には多く存在します。いずれにせよ、会社全体として、労働生産性を大きく変動させないように労働コストをコントロールしているのです。このような人事制度の違いから、社員の仕事、処遇に対する考え方に違いがあることを知ることが大切です。

今後、欧米企業の人事制度を取り入れる日本企業が増えると言われていますが、「マネジメントの評価能力に不安がある場合は、適切な運用は難しい」という声が少なくありません。とても気になる話です。どんなに素晴らしい人事制度を導入したとしても、マネジメントの評価能力に不安があると社員が心配しているようでは上手くいくはずがないからです。

10　留学生の就職活動について

目標を失う大学生、保護者のできることは

子どもの大学受験がやっと終わって、これでやれやれという大学生の保護者も多いでしょう。18歳になり選挙権も与えられ、大学生として勉強を通じて、これからの人生を自分で考える4年間です。もう大学生になったのだから子どもの自主性に任せよう。極めて全うな考え方です。留学生の保護者であれば尚更そう思うのは当然です。

しかしながら、保護者が知っておくべきことがあります。大学生になり、いよいよ自分の目標に向かってチャレンジすべきときが来たはずですが、逆に目標を失う学生が少なくないということです。

よりよい人生を送るために学校で勉強してきたはずですが、現実は違います。子どもたちは、よい会社に入るためには、よい大学に入ることが重要だと教えられます。多くの学生は、よい大学に合格することを勉強の最終目的として取り組んできたので、いざその目標としていた大学に入学してしまうと、将来やりたいことを聞かれてもわからないのは当然です。

小さい頃から問題を与えられ、その問題の正解を求める訓練を受けてきた子どもたちが、いきなり自由な世界へ放り出されると、どうしてよいかわからなくなります。学歴社会であればあるほど

「君は将来何をやって生きていきたい？」と問いかけられたときに答えのない学生が多いのは仕方がないことです。

令和の就職活動

令和の就職活動は、何となく大学に行って、将来やりたいことが見つからなくても、何となく就職活動をして、就職先を見つけることができた昭和の時代の就職活動とは随分異なるものになってきました。それでも、第一志望の会社に就職することができれば「受験勉強を頑張り、有名大学に合格してよかった」ということになりますが、有名大学に入学すれば、誰もが希望する会社に就職できる時代ではなくなりました。

したがって、保護者は子どもの就職活動に関わるべきだと思っています。代わりに何かをやってあげるということではもちろんありません。中学・高校・大学受験に関わったように、就職活動のサポートもしてあげるべきです。

「何を言っているのだ。大学生にもなって自分のやりたいことも見つけられずに就職活動もできないなんて甘やかしすぎだ！」という保護者も多いでしょうが、自分の子どもに問いかけてみてください。

「将来やりたいこと？　そんなことまだわからないよ」と答える子どもが少なくないはずです。

そんなときに保護者には何ができるでしょうか？　「どんな仕事がやってみたいの？」「やりたい

仕事はもう決まっているの?」「インターンシップに参加するの?」という問いかけをきっかけに、子どもは、だんだんと就職という問題に向き合えるようになっていくはずです。

就職するのは子どもですから、本人の自主性に任せるというのはその通りですが、問いかける、話を聞いて子どもの気持ちを理解してあげることが大切です。そうすれば、就職について何か相談したいことがでてくると、保護者にも相談するようになるでしょう。

ボストンキャリアフォーラムという世界最大のキャリアイベントの存在

ボストンキャリアフォーラムとは、前述の通り、世界最大の日英バイリンガルのための就職・転職イベントで、毎年10月若しくは11月の金土日にボストンで開催されます。残念ながら2020年は新型コロナの影響でオンラインでの開催となってしまいましたが、例年は、面接・レセプションなどを通じて、選考を行い、その場で内定を出す会社も多く、バイリンガルの学生には人気のキャリアフォーラムです。

事前に書類選考に加え、何度も電話・スカイプ・ズームなどで面接を実施し、最終面接をボストンキャリアフォーラムの会場で行う会社が多いと思いますが、気になる会社のブースに履歴書を持ってウォークインすることも可能です。

例年、全米中の大学生・大学院生、そして日系企業・外資系企業の人事担当者、採用責任者などが一斉にボストンに集まります。参加企業はキャリアフォーラム前日の木曜日に会社説明・一次面接を行うブースのセットアップ、面接を行うバックルームの確認などを行います。また、事前に面接を行った学生を招待して行うレセプション（懇親会）も木曜日の夜から盛んに開催されます。木、金、土曜日すべての夜の予定が事前に決まっている学生も中にはいるようです。

レセプションに参加することはとても重要！

企業の担当者たちは、レセプションが終わった後は、学生の顔と名前と履歴書が一致する間に、その会場でどの学生がよかったか話し合います。したがって、学校の授業の都合があるからといって日曜日だけに参加するのは得策ではありません。日曜日に学生がブースに訪ねてくれば勿論対応してくれますが、土曜日までに選考を終えてしまう会社もあります。本採用、サマーインターンシップのオファーを取りたいのであれば、事前にアプローチし、レセプションに参加できるように準備して、木曜日にはボストン入りをしたいところです。

２０１９年は２４１社が参加しました。最近では日本の大学からもわざわざ参加する学生が増えていますが、日本の大学生向けの選考と、留学生向けの選考を分けている会社もあるので、事前に確認することが必要です。

手をあげて発言することはとても重要！

イベントに参加する時に強く意識して欲しいことがあります。欧米で教育を受けたシニアマネジメントの多くは、手をあげて発言しない学生のことを「その話題に興味がないか、残念ながら自分たちの会社に興味がないか、若しくは頭が悪いか」のどれかだと考えます。評価されることはありません。

とは言っても、レセプションなどで意見を求められたときに、中身のない自分をアピールするだけの発言には気をつけましょう。「君の言いたいことは？」と突っ込まれることは間違いありません。

リクルートスーツと髪型

この3日間、ボストンの街中は多くのリクルートスーツを着た日本人学生で溢れるので、ちょっと異様な雰囲気です。余計なお世話かもしれませんが、あまりにも皆が同じ格好をしていて、区別がつきません。髪型も男子はいわゆるリクルートカット、女子はポニーテールです。

特に立食のレセプションなどでは、多くの学生と話すことになる面接官たちにとっては、学生の顔と名前を一致させることは大変なことです。目立つように真っ赤なスーツを着たほうがよいと言っている訳ではありませんので、誤解しないで欲しいのですが、少しは自分の個性を出してもよいのではないでしょうか？　例えば、リクルートスーツは黒と決めつけないで、濃紺、チャコルグレーのスーツを着て参加してみるのはどうでしょうか？

そうは言っても本当に大切なのは中身です。余程のことがない限り服装で合否が決まることはありません。

サマーインターンシップ

　ボストンキャリアフォーラムでは、正社員の募集に加えて、サマーインターンシップの募集を行っているのが特徴です。今後の就職活動では、インターンシップの重要性が増していくと思っています。

　インターンシップでは、企業は学生に自分の会社を好きになってもらおうという努力すると共に、学生を厳しくチェックしているはずです。外資系企業ではインターンシップに参加した学生が本採用になるケースも少なくありません。夏だけではなく、日本の大学生を対象に、短期間のインターンシップを募集する会社もあるので、積極的に参加するとよいでしょう。自分が頭の中で描いている世界と実際にインターンシップを通じて学ぶことには大きな差があるはずです。

　学生のときにしかゆっくりと時間がとれないから、夏休みは、趣味、海外旅行、チャレンジしてみたいこと、など自分のやりたことに取り組みたいと思っている学生は、もちろんそうするべきです。ただし、アメリカの大学に通う多くの学生は、日本人のみならず、多くの学生が３年生、４年生が始まる前の６、７、８月に開催されるサマーインターンシップに参加することが多いので、友人やアドバイザーと就職活動について情報交換しておくことが重要です。

　日本企業のインターンシップを実施する時期は、学校が夏休みと春休みに入る期間に実施されることが多いようです。そのほかの時期でもインターンシップは開催されているため、積極的に参加するとよいでしょう。

会社へ応募する日本企業、職種へ応募する外資系企業

日本企業では、新卒で入社する場合、原則、会社に就職するのであって、あらかじめ決められた職種に応募することはありません。一定の期間働くと異動して違う部署で働きます。そして、自分の職務遂行能力に基づき処遇されます。

外資系企業に就職するときには、あらかじめ決められた職種に応募することになります。これが最大の違いです。新卒採用であれば、学生は職種を自分で選ぶ必要があります。証券会社であれば、トレーダー、セールス、リサーチ、オペレーション、ミドルオフィス、などから、職種を選んで、応募することになります。例えば、日本経済のマクロ分析を担当するエコノミストの募集に対して応募することになります。

満足できる就職活動を行うためには？

時代は変わっても、日々の生活を通じて、①答えのない問題に直面したときに仮説検証を繰り返す分析力、②自分の頭で考える思考力、③そしてそれを自分の言葉で伝える表現力、を身につけることが特に重要です。しかしながら、グローバリゼーションが進展する中、まだ何かが足りません。それは、④言葉や文化の壁を乗り越え、多種多様な価値観を受け入れ、自己の主体性を軸に学び続けることにより育む人間性です。こういうことを意識して大学4年間を過ごした学生は満足できる就職活動を行うことができるでしょう。

あとがき

ほんの少しだけ勇気をだして！

高校生のときに、父から「俺たちの時代は職業の選択肢なんてなかった。今はなんでも好きなことができる。思ったとおりに生きていけばよい」とアドバイスされ、母から「これからの時代、大学ぐらい行かないと駄目だ」と背中を押され、私は大学進学を決断しました。初めて大学に進学した第一世代として、わからないことだらけで苦労もしましたが、やりたいことをやらせてくれた両親には感謝の気持ちでいっぱいです。

就職活動では、「ほんの少しだけ勇気をだして」日本興業銀行の代表番号に電話し、採用責任者に電話をつないでもらい、面接をして欲しいとお願いしました。あの日に電話をしていなければ、私の人生は大きく変わっていたでしょう。そして、海外にトレーニーに行ってみないかとチャンスを与えられたときに、「ほんの少しだけ勇気をだして」チャレンジして本当によかったと思っています。

海外ではよいことばかりだったわけではありません。9・11テロというのは言葉にできないほどの恐怖と悲しみの経験です。当時の上司に「頑張らなくてよい。生きているだけで十分だ。君たちは、命を失った人たちの分まで生きる責任がある」と言われたときには、とても優しい言葉をかけてもらったにもかかわらず、素直になれませんでした。当時の私は、頑張ろうという気持ちだけで自分を支えていたのです。涙が止まりませんでした。すべてを放り出して日本に帰りたいと思ったものです。

9・11テロは、私がそれまでに築いてきた自信を完璧に打ち砕く経験でしたが、そんなときに私を支えてくれたのは家族でした。その家族を守るためには、自分自身を変えたいと思い、「ほんの少しだけ勇気をだして」世界に飛び出していくことにしました。

その結果、私は、グローバル企業で世界のエリートたちと一緒に働き、彼らの生き方を学び、子どもの教育を通じて、世界のエリートたちがどんな教育を受けてきたかを学ぶことができました。

これからは今まで以上に積極的に行動しないと、チャンスが与えられない格差の時代です。自分がどんなことに向いているかを見つけることは簡単ではありません。世の中凄いことができる人ばかりではありません。これからの時代、何が凄いかもよくわからなくなってきました。大人が敷いてくれたレールなど存在しない、とても大変な時代です。

少子高齢化が止まらなければ、日本は、これから人口激減の時代を迎えます。日本国内中心に経済を回していく限り、経済規模が縮小していくことを避けることはできません。富を生み出すことができなければ、経済的には貧しい国になってしまいます。

一方、世界の人口はこれからも増え、世界の市場は引き続き拡大していきます。格差を嘆き、国境を守って外国に背を向けるのではなく、1人でも多くの日本人が、「ほんの少しだけ勇気をだして」世界を舞台にチャレンジすることが必要な時代ではないでしょうか？

自分をもっと好きになり、心の中にあるものを自分らしく表現し、多様な価値観を受け入れ、世界中の仲間と楽しいことも悲しいことも分かち合えたら、誰もが有意義な人生を送ることができるでしょう。

今日という日は我々に与えられたギフトです。世界に羽ばたこうとチャレンジする人にはあかりを灯してくれる人が現れると信じています。私はこれからも明るく楽しく元気よく生きていこうと思っています！

株式会社ランプライターコンサルティング
代表取締役社長　篠原　竜一

参考文献

大分断　エマニュエル・トッド　大野舞　訳　ＰＨＰ新書

本物の教養　出口治明著　幻冬舎新書

共和党と民主党　松尾弌之著　講談社現代新書

混ぜる教育　崎谷美穂　柳瀬博一著　日経ＢＰ社

世紀の空売り―世界経済の破綻に賭けた男たち マイケル・ルイス著，東江一紀（翻訳）　文春文庫

新版 キャリアの心理学【第2版】　渡辺三枝子著　ナカニシヤ出版

人事管理入門　今野浩一郎著　日本経済出版社

The Hidden Ivies, 3rd Edition: 63 of America's Top Liberal Arts Colleges and Universities (Greene's Guides)

Howard Greene 著，Matthew W Greene 著

The Institute of International Education® (IIE)　ホームページ　https://www.iie.org/opendoors/

国立社会保障・人口問題研究所　ホームページ http://www.ipss.go.jp/syoushika/tohkei/Mainmenu.asp

日本銀行　ホームページ（金融政策）　https://www.boj.or.jp/mopo/index.htm/

財務省　ホームページ（統計）　https://www.mof.go.jp/statistics/index.html

同志社大学　ホームページ https://www.doshisha.ac.jp/
津田塾大学　ホームページ https://www.tsuda.ac.jp/
厚生労働省　ホームページ　https://www.mhlw.go.jp/toukei/saikin/hw/jinkou/kakutei19/dl/tfr.pdf
（合計特殊出生率について）
文部科学省　ホームページ　https://www.mext.go.jp/
Nishimachi International School　ホームページ　Nishimachi International School in Tokyo, Japan
Hokkaido International School　ホームページ　http://www.home.his.ac.jp/
New International School of Japan　ホームページ　http://www.newis.ed.jp/
The Association of Boarding Schools　ホームページ　https://boardingschools.org/
Ten Schools Admission Organization ホームページ　https://www.tenschools.org/
Eight Schools Association ホームページ　https://www.8schools.org/
株式会社ディスコ　ホームページ　https://careerforum.net/ja/event/
CNBC　ホームページ　https://www.cnbc.com/world/?region=world
国際連合広報センター　ホームページ　https://www.unic.or.jp/

著者略歴

篠原　竜一（しのはら　りゅういち）

国家資格キャリアコンサルタント　米国 CCE,Inc. 認定 GCDF-Japan キャリアカウンセラー
株式会社ランプライターコンサルティング　代表取締役社長
1988 年に日本興業銀行（現みずほ銀行）に入行。東京、ロンドン、ニューヨークにてグローバルマーケットビジネスに従事。ニューヨーク支店はワールドトレードセンターの 50 階にあり、2001 年米国同時多発テロでは被災した。このときの壮絶な経験から多様性を学ぶ重要性を痛感し、05 年にバンクオブアメリカ証券会社東京支店に転職。マネージング・ディレクターとして外国債券のセールス＆トレーディングを統括。07 年に取締役に就任、副社長として金利・債券ビジネス拡大に注力。メリルリンチ日本証券株式会社を経て、14 年にクレディ・アグリコル証券会社東京支店に入社、債券営業統括部長に就任し、機関投資家向けビジネス拡大に尽力。18 年末に退職、19 年 2 月、株式会社ランプライターコンサルティングを設立。インターナショナルスクール進学、アメリカ・カナダ留学サポート事業に加え、世界を舞台に活躍するグローバルリーダー育成事業を展開している。

外資系投資銀行の元マネージング・ディレクターが教える！
世界に羽ばたく「グローバルリーダー力」

2021年 5 月14日　初版発行

著　者　篠原　竜一　
発行人　森　忠順
発行所　株式会社 セルバ出版
〒 113-0034
東京都文京区湯島 1 丁目 12 番 6 号 高関ビル 5 B
☎ 03（5812）1178　FAX 03（5812）1188
https://seluba.co.jp/
発　売　株式会社 三省堂書店／創英社
〒 101-0051
東京都千代田区神田神保町 1 丁目 1 番地
☎ 03（3291）2295　FAX 03（3292）7687

印刷・製本　株式会社 丸井工文社

Printed in JAPAN
ISBN978-4-86367-654-1